农村电商发展理论与实践研究

孙艳平◎著

文化发展出版社
Cultural Development Press
·北京·

图书在版编目（CIP）数据

农村电商发展理论与实践研究 / 孙艳平著 . — 北京 :
文化发展出版社 , 2023.7
ISBN 978-7-5142-4004-7

Ⅰ . ①农… Ⅱ . ①孙… Ⅲ . ①农村－电子商务－研究
－中国 Ⅳ . ① F724.6

中国国家版本馆 CIP 数据核字 (2023) 第 102805 号

农村电商发展理论与实践研究

孙艳平　著

出 版 人：宋　娜
责任编辑：岳智勇　　　　责任校对：侯　娜
责任印制：邓辉明　　　　封面设计：守正文化
出版发行：文化发展出版社（北京市翠微路 2 号 邮编：100036）
网　　址：www.wenhuafazhan.com
经　　销：全国新华书店
印　　刷：天津和萱印刷有限公司

开　　本：710mm × 1000mm　1/16
字　　数：200 千字
印　　张：11
版　　次：2024 年 6 月第 1 版
印　　次：2024 年 6 月第 1 次印刷

定　　价：72.00 元
I S B N：978-7-5142-4004-7

作者简介

孙艳平　女，1977年2月出生，江苏省镇江市人，毕业于江苏大学，获硕士学位，现任镇江高等专科学校副教授。研究方向为电子商务专业。主持江苏省教育厅哲社科课题2项、江苏省教学改革课题1项，主持并完成镇江市软科学项目2项、镇江市社科联课题6项、全国商科课题1项、校级课题5项、横向课题3项，发表论文20余篇，入选镇江市第六期“169工程”科技骨干。

前　言

农村经济的发展一直是政府各个部门关注的焦点，在互联网高速发展的今天，农业发展还存在落后的状况。例如：农民对互联网还不精通，大量的农产品滞销；好的农产品因为没有销售渠道、没有好的包装理念卖不上好价钱；有见识的农民种植的特色蔬菜和水果，无法发挥更大的商业价值；等等。

农村电子商务给农业生产带来的积极意义无疑是巨大的，不仅能引导农民进行合理化生产、扩展农产品市场、提高农村产品知名度，还可以推广新型农业生产技术，提高农村生产的创新能力，从而带领农民走上富裕之路。产业先行，意识优先。随着农村电子商务的不断宣传和推进，农村基层政府和老百姓虽然都认识到了通过互联网可以致富，但如何利用电子商务让自己致富，让自己种植的农产品获得市场认可、获得更高的价值和利润，大部分农民还是茫然无措，处于盲从和“等、靠、要”的状态，因此需要通过培训进一步提高农民掌握互联网电商工具的积极性和主动性。基层政府领导虽然认识到了可以通过电子商务帮助农民致富和帮助贫困户精准脱贫，但究竟如何利用互联网工具，还需要从理论和方法上进一步帮助其提高认识。

本书立足农村电商发展，对其理论和实践进行了研究。全书共分为五章，第一章为电子商务的基本理论概述，分别介绍了电子商务的概念与特点、电子商务的发展与应用、电子商务的功能与影响三个方面的内容；第二章为农村电子商务的基本理论概述，主要介绍了四个方面的内容，依次是农村电子商务概述、农村电子商务的发展趋势、农村电子商务的发展模式和农村电子商务的作用；第三章为农村电子商务的发展策略，第一节为农村电子商务的发展策略——物流策略，第二节为农村电子商务的发展策略——营销策略，第三节为农村电子商务的发展策略——网站设计策略，第四节为农村电子商务的发展策略——安全策略；第四章为农村电子商务在农村建设中的实践应用，依次介绍了林果花卉产品、渔业产品、畜牧业产品及旅游产业借助于农村电子商务在农村建设中的实践应用；本书

第五章为农村电子商务的发展现状与对策建议，主要介绍了三个方面的内容，分别为农村电子商务发展现状、存在的问题并提出发展的建议。

在撰写本书的过程中，笔者得到了许多专家学者的帮助和指导，参考了大量的学术文献，在此表示真诚的感谢。由于笔者水平有限，书中难免会有疏漏之处，希望广大同行及时指正。

孙艳平

2022 年 9 月

目录

第一章　电子商务的基本理论概述

本章主要从三个方面介绍了电子商务的基本理论，分别是电子商务的概念与特点、电子商务的发展与应用和电子商务的功能与影响。

第一节　电子商务的概念与特点

一、电子商务的概念

电子商务是指基于互联网的，面向全球、跨越时空、跨越地域的新商业贸易模式。在高速发展的互联网、物联网技术和安全技术的背景下，基于浏览器／服务器（B/C）的应用方式，交易各方通过互联网进行各种商贸活动，在保障安全的前提下实现网络购物、网络销售、网络支付等各种商业交易或提供综合服务，如信息交流、资本流动和物流服务。电子商务是一种全新的商业运营方式，更加方便、新颖和安全，可以从以下四个方面进行理解。

第一，电子商务是商务信息化的先决条件。电子信息技术以计算机为工具，主要围绕人类智力的发展和获取一定的知识能力等为目的，对自然知识、社会和人文信息进行收集、存储、处理、分配和传输。

第二，电子商务是基于现代电子工具发展起来的。现代电子工具既具备先进的技术，又有相对较低的成本；既有先进高效的功能，又有相对安全可靠、易于使用的电子工具。从系统的角度来看，地方、区域和宽带网络需要纵向和横向连接来创建一个安全、可靠、灵活和方便的系统，以支持微观、中观和宏观层面的商务活动。

第三，电子商务要围绕人类的活动来开展。作为一个社会性的商务系统，电子商务必然是以人为本的。过去人们对电子商务的概念认定集中在电子工具及其电子装配线上，忽视了“人”这个主体所具有的知识和变化技能的作用。只有人才能系统地使用电子工具的相关技能，所以电子商务专业人员必须掌握现代的信息技术，并具有最新的商业技能。

第四，电子商务的交换是基于信息、商品和服务的交换。传统的商务活动主要包括货物的实际交换。相比之下，电子商务活动首先在于将实物的商品虚拟化，以产生信息化虚拟商品；其次是对虚拟商品进行分类、存储、处理和传输等处理。

电子商务系统的组成部分主要包括以下几个方面。

（1）消费者（用户）

消费者（用户）是指通过电子商务方式进行商品和服务消费的组织、个人或潜在的组织、个人。

（2）经营者（商家）

经营者（商家）是指通过电子商务方式进行商品和服务销售的企业和个人。

（3）专业的认证机构

认证机构为了电子商务模式的开展而展开双方网上信息的认证，包括双方网上身份证书的认证、颁发和管理，通过信息认证来保障基于互联网的电子商务交易双方信息的真实性和正确性，以保障交易的正常开展，因此认证机构是不以营利为目的，体现公平性、公正性的第三方服务性的非营利机构，也是电子商务系统中必不可少的重要机构。

（4）支付中心（支付机构）

支付中心和认证机构一样，也是属于第三方的服务机构，服务的主要内容包括实现电子商务交易双方资金的往来和支付。

（5）物流配送中心

物流配送中心的主要作用是实现交易商品的物流运输，从经营者手中承接交易的商品，进行商品的集聚和发送，快速、便捷地将交易的商品安全地运送到消费者手中，同时对商品进行严格安全的保障和跟踪，让消费者和商家可以即时和动态地监管商品的流向。

（6）电子商务服务机构

电子商务服务机构的主要作用是将相关服务外包给商家，为参与电子商务交易的双方提供专业的电子商务服务，重点是应用的服务和内容的服务。

二、电子商务的特点

（一）虚拟性

电子商务活动和电子商务交易都在网上完成。因为互联网是一个数字的电子虚拟市场，所以信息的交流不会受到地点、天气等因素的制约，可以进行在现实市场上无法进行的交易，这是电子商务的优势之一，也是其迅速发展的原因之一。

互联网技术是电子商务发展的基础，大部分交易过程都是在互联网上进行的，包括参与交易活动的双方签订购买合同和支付交易。商品供应商可以通过电子商务交易平台销售商品，消费者可以使用通信工具与商品供应商及时进行网上交流，这样双方就可以在网上进行沟通并签订购买合同和付款。电子商务是一种基于信息技术的业务，需要使用计算机网络技术来进行信息的交换和传递。因此，电子商务与计算机技术和信息技术的发展是密切相关的。

（二）便利性

以往的商业活动可能在地点、天气等因素上受到限制，而电子商务消除了这些制约因素。关于供应和需求的信息可以通过互联网传递到世界各地，形成一个非常大的市场。电子商务并不限制买卖双方的时间和空间，还可以简化烦琐的交易过程，使交易更加方便，企业一方也可以对自身的服务进行完善和发展，同时供求的信息被很快上传到互联网上。电子商务中商品和资本的快速流动，以及所有部门的激烈竞争，通过不断变化的信息为电子商务增加了许多发展的动力。

（三）安全性

电子商务的安全问题需要电子商务交易双方着重注意，它要求电子商务交易双方确保交易的保密性，并使用加密的安全验证、防火墙的保护等方式，这也是电子商务和传统商业之间存在的不同。互联网作为一个虚拟的媒介，本质上是开放的。电子商务是基于互联网的发展而发展的，所以电子商务的安全保证和互联网的开放程度是息息相关的。在电子商务活动中，网络运营商要为客户或者使用者提供安全的方案，以确保在电子商务的运作过程中个人信息的安全，并确保交易双方的资产得到密码或者其他方式的保护。

（四）高效性

高效性是电子商务的一个关键特点。通过电子商务，买家和卖家可以更有效、更容易地进行交易。信息交流的效率高低与商业竞争的成败相关。互联网的快速发展和普及使人与人之间的联系变得非常紧密，电子商务的发展也使买方和卖方之间的信息交流更加高效。然而，电子商务需要现代计算机和互联网技术的支持，技术和设备需要不断升级，因此企业需要改进技术和设备，提高效率，提升电子商务的功用，以期实现最后交易效率和利润的最大化。

（五）集成性

电子商务的特点之一是集成性，这主要体现在电子商务问题处理的标准化工作流程上。电子商务整合了手工操作和电子信息处理的功能，从而使交易的处理遵守严格的规范。整个业务是一个由供应商、批发商、零售商和客户不断推进的过程。同时，电子商务需要平台、服务商、消费者和政府部门之间的协调，以确保电子商务运作过程的顺利进行。电子商务活动的各个方面都需要各个主体之间不断沟通，如企业单位的每个部门之间的员工需要合作，企业和客户需要交流意见，企业和企业需要协调，企业和公共部门需要配合工作，还需要分销公司、电子商务技术部门、通信部门和金融机构之间相互合作，以提高效率。

（六）扩展性

电子商务是可以扩展的，其平台具有非常大的流量，一个平台每天有很多用户使用，大量的用户可以同时对同一产品进行查看。随着电子商务的不断发展和用户数量的增加，电子商务平台也在对后台的服务进行着改进，以期满足提高访问速度的要求，提高用户的满意率。为了保证电子商务的可靠性，系统服务必须是可扩展的，因此在使用高峰期扩大系统规模可以帮助访问用户解决拥堵问题。在电商活动期间，即使是一分钟的拥堵也会损失大量的用户。

（七）服务性

电子商务扩大了市场的覆盖范围，能够吸引更多的用户。通过将互联网的数据与企业的数据库联系起来，企业可以访问其网站的用户数量、销售记录、用户的购买模式和浏览偏好等信息，这有助于提高其产品和服务的质量。有了这些信息，公司可以分析用户的需求，并为他们提供适合其需求的定制化服务。在电子商务活动中，人们的销售活动不再受天气、地点等因素的限制，只需简单的操作就能进行烦琐的交易。通过电子商务的平台，企业可以直接与消费者联系，还可以提高服务的水平，进行及时的反馈。

电子商务所具有的服务性特点能够为消费者提供更多的购物方案。在以往的商业模式中，消费者在购买商品时通常会货比三家。通过电子商务的模式，消费者可以在更大的购物范围内比较和选择他们需要的商品。消费者不仅可以比较商品之间的价格，还可以比较商品和商家提供服务的质量。因此，所提供的服务质量将对参与电子商务活动的公司未来的发展产生重大的影响。企业不仅可以通过电子商务的平台为消费者提供各个方面的服务，而且可以为他们提供一个完整的服务体验。

第二节　电子商务的发展与应用

一、电子商务的产生与发展

（一）电子商务萌芽时期

1. 孕育阶段

（1）EDI的产生与发展

19世纪中期，商人们为了加快贸易信息的传递速度，开始使用电报与外界进行交流，即收发贸易信息，在这时，电子信息手段就已经开始被使用到商务活动中了。在商务活动中广泛应用电子手段，是从贸易以莫尔斯码点与线的形式在电线中传输开始的。20世纪中后期，美国发明了EDI（electronic data interchange，电子数据交换）技术，并将其广泛运用在企业电子商务中，这就是电子商务最初的模样。

EDI从本质上来说，是一种电子传输方法，能够按照一定的标准将特定的业务文件从一台计算机传输到另一台计算机。由于这种传输方法不需要纸质文件就能够实现，因此人们也将这种传输方法叫作“无纸贸易”或“无纸交易”。EDI

在全世界范围内的应用极大地降低了纸张的使用成本，也在一定程度上提高了人们的工作效率，并为其工作带来一些额外收益。除此之外，在电子商务活动中应用 EDI 电子数据交换技术能够将商业活动与电子技术有效融合，实现贸易活动的高效运转。在 EDI（电子数据交换技术）还未发展成熟时，电子商务企业在从事商务活动时就只能在封闭的系统中运作，大规模的电子商务活动是在超文本传输协议开发与互联网技术成熟之后才逐步走上正轨的。

（2）Internet 技术进入实验阶段

互联网最初起源于阿帕网（ARPAnet）。ARPAnet 是 20 世纪 60 年代末至 70 年代初，由美国国防部资助，ARPA（Advanced Research Project Agency）公司承建的一个网络。ARPAnet 网络的关键技术是用一种新方法使不同的计算机系统互联，成为互联网，即 Internet-work，这便是 Internet 的起源。

1972 年，美国 Xerox Palo Alto 研究中心（PARC）把 Xerox Alto 计算机连到 ARPAnet 上，并于 1973 年 5 月 22 日正式运行世界上第一个个人计算机局域网——以太网（Ethernet）。1981 年，美国国家科学基金会（NSF）开发了 5 个超级计算机中心相连的网络。当时全美许多大学和学术机构已经建成了一批地区性网络与之相连，形成一个新的大的网络——NSFnet，该网络的成员之间可以相互通信，开始了互联网真正快速发展的阶段。从此，NSFnet 逐渐取代了 ARPAnet，成为 Internet 的主干网络。

1982 年，在 ARPA 公司的资助下，美国加州大学伯克利分校将 TCP/IP 协议嵌入了 UNIX-BSD4.1 版本，次年 TCP/IP 成为 ARPAnet 上标准的通信协议，真正意义上的 Internet 出现了。Internet 在 20 世纪 80 年代的扩张不仅带来了量的改变，同时亦带来了质的某些变化。由于多种学术团体、企业研究机构，甚至个人用户的进入，Internet 的使用者不再限于“纯粹”的计算机专业人员，Internet 逐渐成为一种交流与通信的工具。

2．产生阶段

随着计算机技术与网络通信技术的不断发展，电子商务活动开始产生并不断完善，因此我们可以得出这样的结论，即电子商务活动是在互联网的基础上发展起来的。

Internet 商业化是 Internet 在历史上完成的第二次飞跃。20 世纪末期，美国政府决定社会公众可以使用互联网，并在互联网上开发商业应用系统。1993 年，电子商务进入了一个崭新的局面，其是基于万维网（world wide web，WWW）及与万维网相关技术的推出实现的。万维网的出现使 Internet 的功能不断完善，能够支持用户在任何计算机上访问超文本链接。万维网凭借应用简单与便利，在世界各国迅速发展，彻底改变了电子商务的发展方向。网络在全球范围内的连通使电子商务的成本不断降低，并逐渐形成具备一定经济模式的商业方式，为人们提供了各式各样的商机，也为小型企业与跨国企业的竞争提供了技术条件。

20 世纪 90 年代中期，多对多通信模式开始高速发展，在发展过程中也产生了网上交易。在万维网上，第一批网上购物中心开始出现，随后互联网上的商业业务信息量激增，标志着互联网进入爆炸性发展阶段，在这一时期电子商务也开始大规模发展。在这一阶段的电子商务领域中，电子证券的发展最为成熟，网上证券交易标志着证券市场进入新纪元，在运营方面具有超时空、超地域、低成本、高效率的特点，是网络时代电子商务的典范。

互联网的出现加快了信息的传递速度，在商务活动中电子工具变得更加优质，也更加快捷，为全球化的发展提供了发达的技术条件。由于互联网的出现，人们在进行国际经济贸易活动时，一些贸易单证与文件等可以不再使用纸质文件，从而简化工作流程，降低成本，提高工作效率。因此，无纸化发展是非常必要的，无纸化需要电子信息技术来实现。在互联网快速发展的背景下，国际市场的竞争不断出现新特点，在国际市场的竞争中，价格因素并不是首先要考虑的，服务性在市场竞争中变得更加重要。电子商务企业利用先进的信息技术发展业务，既能够节约联系客户的时间，也能够对客户的需求有更加细致的了解，为企业客户提供更加切合需求的服务，提升企业在国际市场中的竞争力。因此，我们可以看出，电子商务是由于经济贸易发展存在内在压力，科技信息技术在这种压力下不断发展产生的，电子商务的发展符合经济发展的需求，作为国际经济贸易的发展方向不断焕发新的生机。

3. 萌芽时期的电子商务的局限性

由于 EDI 电子数据交换技术必须在一定条件下才能使用，因此这就在很大程度上限制了小型企业之间的合作，并且在 EDI 技术专用网络中，消费者之间的合作也被限制了。这时，企业所处的市场由于并没有直接面向消费者，因此仍旧作为生产商设计的旧市场模型存在，企业生产的产品虽然决定了市场上能够拥有什么样的商品，但互联网的兴起使电子商务迎来了新的发展机遇，EDI 技术的发展已经能够解决曾经无法解决的一些问题，不再像之前那样，只有使用专用线路才能进行贸易，不仅极大地节约了建设成本，而且整个世界也都可以使用 EDI 技术，调动了更多电子商务企业进行贸易的积极主动性。

（二）电子商务形成时期

1. 互联网实现商业化

20 世纪 90 年代中期以后，Internet 迅速走向普及化，逐步地从大学、科研机构走向企业和普通家庭，它的功能也已从信息共享转变为一种大众化的信息传播工具，带来了 Internet 发展史上一次质的飞跃。到 1994 年底，Internet 已通往全世界 150 个国家和地区，连接了 3 万多个子网、320 多万台计算机主机，直接的用户超过 3 500 万户，成为世界上最大的计算机网络。看到 Internet 的羽翼已丰满，NSFnet 于 1995 年 4 月 30 日正式宣布停止运作，由美国政府指定的 3 家私营企业代替。至此，Internet 的商业化彻底完成。1997 年，电子商务作为产业正式被推上历史舞台。

电子商务的应用几乎囊括社会与经济活动的各个方面，其中政府和企业的电子商务应用是最为重要的两个领域。

政府的电子商务应用，即电子政务，使政府通过网络实现政府业务职能、行政管理与服务社会的电子化、信息化、网络化。它不仅可以在政府内部与外部实现信息传递交换、共享、服务功能，实现政府的政务程序公开化与透明化，政府办事过程的便利化与快捷化。同时，还可以实现政府与社会、企业、公众的双向交流，进一步完善政府的职能。

企业的电子商务应用之一是企业信息化：其涉及的内容极为广泛，从物料需求计划（MRP）、制造资源规划（MRPII）到企业资源规划（ERP）；从电子数据交换（EDI）、管理信息系统（MIS）到决策支持系统（DSS）；经历了从单机作业、分布处理到网络互联互通，实现了企业从人、财、物到产、供、销的全面管理。另外，企业又将商务应用与企业信息系统进行了对接与整合，达到电子商务应用一体化的高度：在企业内部，利用 MIS、MRPII、ERP 等系统实现了企业内部资源的整合；在企业外部，将信息系统与电子商务、客户关系管理（CRM）、供应链管理（SCM）、过程质量管理（PQC）等系统进行了整合，构成了企业信息化建设的整体环境。

2. 电子商务的社会基础和技术基础的形成

人类社会进入 20 世纪 70 年代以来，以微电子技术为基础的计算机技术和通信技术取得了长足进展，并渗透经济和社会的各个领域，从而引起了世界范围内的新技术创新浪潮。

信息化建设受到各国政府的高度重视。1991 年美国提出“信息高速公路”的设想，1993 年正式实施“国家信息基础结构：行动计划”。1978 年法国制订了一项有关“促进社会信息化的计划”，从这以后，法国政府不断推进信息革命，每年投入 50 亿美元改进通信设备。早在 1983 年，我国政府就把发展信息技术纳入了国家总体科技发展战略规划中；1999 年，我国政府上网工程迅速推进，国家信息化战略、数字化产品发展战略、电子商务发展框架也都在加紧研究、制定中。

全球的计算机社会拥有量迅速增加，互联网用户呈几何级数增长，新的经济消费观正在逐步形成，电子商务的社会基础已经形成。据中国互联网信息中心（CNNIC）2007 年 7 月发布的第 20 次《中国互联网发展状况统计报告》显示，截至 2007 年 6 月 30 日，我国的网民规模达到了 1.62 亿；我国上网计算机数达到 6 710 万台；国际出口带宽总量为 312 346 Mb/s。Internet 技术的应用普及为电子商务的发展奠定了基础，万维网及相关技术的推出开创了电子商务应用的新局面。基于 Internet 的网络环境建设是开创电子商务市场的前提，安全保障等核心技术的实用化是电子商务成功的保证，商贸活动的信息网络化加快了电子商务的发展进程，各种解决方案的推出标志着电子商务即将进入实用化阶段。

3. 电子商务学科体系的形成

全球掀起“电子商务”热潮以来，社会对专业人才的急切需求促使高等学校对专业设置、教学课程和教学内容进行了适应性调整。现在采用的教育形式主要有以下几种：第一，增设电子商务专业；第二，在相关专业开设电子商务系列课程；第三，设置电子商务硕士学位。

在美国，范德堡大学领先开办了电子商务专业。随后，匹兹堡的卡内基梅隆大学在电子商务方面提供了一年的理科硕士学位；芝加哥的洛约拉大学计划推出两个新的有关电子商务学位的教学方案；纽约的布鲁克林工业大学于2000年6月宣布，计划在理科硕士教学中增设电子商务集中教学。此外，开展电子商务教育的学校还有美国的杜克大学福库商学院、哈佛商学院、密歇根大学、罗切斯特大学、斯坦福大学，英国的佩斯里大学，加拿大的新不伦瑞克大学，以及法国的里尔综合理工大学等。

1999年，我国开始在普通高校开办高等职业技术教育电子商务专业。2000年教育部批准了对外经济贸易大学、西安交通大学、浙江大学、华中师范大学等13所高校试办电子商务本科专业，并批准西安交通大学与华中师范大学设立电子商务第二学位。随后，电子商务专业的研究生教育也在全国陆续展开。20世纪末至21世纪初，全球的电子商务学科体系初步形成。

1979年，美国出版了第一本研究电子商务的著作之后，各类有关电子商务的书籍相继成为热点。2001年，我国第一批电子商务核心教材出版。至此，电子商务的理论研究体系已经形成。

4. 电子商务管理思想的形成

社会生产、经营及管理生态链与价值链的改变就是电子商务在发展过程中呈现出来的对于经济社会的影响，电子商务在进行自身的改革与创新时，通常是使用信息技术改变现有的业务模式与管理模式来实现的。

电子商务在现今社会中的发展为人们的生活带来了很大的改变，电子商务管理思想也在人们的认知中被逐步树立起来，这种思想以创新为实质，不断督促人们在电子商务的背景下对产品的生产与销售模式进行改革与创新。作为一种商务过程，电子商务将带来一场史无前例的革命，更为重要的是它对社会各方面的影响会远远超过商务本身。

（三）电子商务管理发展时期

21世纪初以来，电子商务进入管理发展时期。电子商务以一种强劲的势头席卷了整个世界，并给人类带来了比历史上任何一次革命都更彻底、广泛、深远的变革，给人类的生活带来了极大的影响。电子商务采用了高科技的技术和手段，具有极强的生命力。同时，与世界上任何的新生事物一样，它不可避免地存在着局限性，面临着许多必须克服的障碍。

展望电子商务发展的未来，呈现出以下的趋势。

（1）电子商务经营理念和业务模式发生重大的转变

①新生企业将崛起和快速发展：随着技术的进步和社会环境的完善，广义的电子商务将快速、健康地发展，一批新兴的相关企业将迅速崛起，从而逐步形成良性的电子商务生态链。

②经营理念：从以技术为中心转变为以市场为导向、以顾客为中心。

③电子商务流的整合与创新：从以物流、资金流为主导转变为以物流、资金流为基础，以信息流为主导，强调物流、资金流、商流和信息流的有机整合和统一。

④电子商务的主角：从以纯 .com 公司唱主角转变为以传统企业信息化和电子商务化为中心和重点，并进入互联网企业与传统企业的业务整合和有效互动的信息化发展的新阶段。

⑤商务模式：从初期的 B2C（business to consumer，企业对顾客电子商务）、B2B（business to business，企业对企业电子商务）发展到统一、开放、集成的电子集市与外延更广泛、内涵更深刻丰富的电子商务动态战略联盟，同时电子商务模式的本地化趋势将更为突出。

⑥管理模式：从信息资源管理发展到知识管理。

⑦移动电子商务（mobile commerce）：将成为电子商务领域又一具有巨大发展潜力的新市场空间。

（2）面向电子商务的综合集成理论、技术与策略

运用信息科学、系统科学、管理科学的思想，将信息工程、知识工程和系统工程的有关理论和方法引入电子商务理论和模型的构建，将是一个重要的研究和发展方向。

（3）信息化与电子商务的结合将更加紧密

社会、国民经济和企业的信息化将进一步深入，电子商务具有良好的生存和发展空间，两者之间的融合发展战略非常重要。随着电子商务的进一步发展，信息社会、知识经济的理论与模式将更加清晰。

（四）我国电子商务的发展状况和趋势

1. 我国电子商务的发展状况

最近几年，我国电子商务高速发展，电子商务的市场规模也在不断扩大，使用互联网进行消费的群体不断增加。在我国，电子商务已经在不知不觉中改变了社会经济形式与流通方式，不断促进着国民经济与社会的发展。电子商务在发展过程中主要具备以下六个特点。

（1）带动现代服务业快速发展

在社会经济的发展过程中，顾客对电子商务应用的需求不断扩大，这也促进了交易服务业、支撑服务业与相关衍生服务业的发展。现今，我国已经有 270 多家企业获得了非金融机构的第三方支付牌照。

（2）在扩大消费、促进就业方面作用明显

近几年，随着电子商务的发展，网络零售商品的种类更加丰富，如图书、数码产品及游戏装备等，都是网络零售商品的种类。此外，网络创业能够为年轻人提供更加丰富的就业岗位，这些就业岗位的特点是启动资金低、门槛低、具备个性化，非常适合现代年轻人的就业方向。

（3）带动传统企业加快转型升级

电子商务在社会中不断发展，在这个过程中电子商务企业与传统企业不再是以竞争为主，而是转向了融合的发展路径。现阶段，电子商务已经在全国范围内广泛应用，促使许多知名的传统零售企业不断创新自己的经营模式，并在这个过程中具备了非常高的实效性，一些大型的传统制造业企业为了降低自身的运营成本，开始逐渐使用互联网进行商品的采购，这使得企业在生产时能够有效观察市场动向，提升市场竞争力。另外，传统农业也依托电子商务进行了转型升级，通过互联网向外销售的商品在规模、品质与标准方面有着比线下销售更高的要求，这就促进了传统农业不断从生产到销售等环节的改革，缓解甚至解决了阻碍农业发展的一系列问题。

（4）助力中小企业进入大市场

中小企业在电子商务的帮助下有了更多的贸易机会，发展空间不断扩大，通过第三方电子商务平台，中小企业能够不断扩展自身在国际中的市场空间，也能够成为大企业的竞争者，拥有平等的市场竞争机会。有学者经过研究证明，中小企业通过电商平台销售的商品，跨省域贸易占绝大部分，这是对传统市场体系的一大冲击。电子商务具备诸多特点，其中最显著的两个特点就是迅速传播性与互动性，这就使得部分中小企业在短时间内就成为电子商务企业中最具影响力的企业。

（5）助力企业开拓海外市场

随着互联网技术的发展，电子商务在发展的过程中不断拉近了生产商与用户之间的距离，也打破了销售时间与空间的限制，有利于电子商务企业不断降低交易成本、提升流通效率，促进现代流通体系的形成。电子商务的发展对买卖双方都有着非常重要的作用，能够使国内商品在短时间内迅速流入国际市场，帮助企业建立起国际化的营销网络，提升资源配置效率。随着经济全球化的发展步伐不断加快，中国的跨境电子商务也迎来了发展的最佳机遇，并将作为我国加快转变外贸发展方式的一项新手段而长期存在。现如今，我国大部分外贸企业都已经开始使用电子商务方式扩展自己在海外的市场份额。

（6）新一代互联网技术在电子商务中得到广泛应用

随着互联网技术的不断发展，我国无线互联网功能也在逐渐优化，不仅能够在一定程度上提升用户体验，还能够实现将电子商务平台的服务功能向移动终端移植。移动终端与电子商务平台相比，在用户规模及信息的交互维度、实时性与多样性方面都具备非常明显的优势。在现如今许多的大型电子商务平台中，有许多企业都使用了云计算技术，为单日内数十亿级别的各类业务处理和数百亿级别的查询访问提供了良好的支撑。

2. 我国电子商务的发展趋势

随着时代的发展，互联网与信息技术在人们的生活中占据着越来越重要的位置，实体市场在这种背景下已经不再具备优势，商品交易市场已经被互联网虚拟市场所占据，自此电子商务这种以网络交易为主体的形式借助互联网得到了快速发展，实现了互联网虚拟市场与实体市场的融合发展，标志着世界经济发展开始朝着虚拟化方向发展。

（1）电子商务将促进实体经济与网络经济融合发展

电子商务的发展对商品的流通产生了巨大影响，既改变了传统的交易方式，也创新了流通行业的内部作业流程与经营管理方式。流通行业的技术与资本构成也随着电子商务的发展有所改善，该行业由“劳动密集型”转向了“技术密集型”。

现如今，第三方平台与企业自建平台快速发展，许多企业都通过这些平台为顾客提供电子商务服务。另外，纯电商企业对线下服务的重视度也日益凸显，开始为自己的线下服务寻找物流配送合作商。从现阶段的发展趋势可以看出，未来的电子商务活动的发展趋势是“线上＋线下”，即“线上营销、线下成交”及“线下体验、线上购买”这两种交易模式会逐渐成为主流。在不久之后，一种新型的商业模式——电子商务与传统产业结合，将会产生并不断成熟。

（2）移动终端应用将成为电子商务市场新领域

现阶段，互联网应用开始利用移动终端进行发展，这也为电子商务提供了新的发展机遇。移动终端具备许多特点，其中及时性与便捷性是最显著的，这两个特点能够帮助网民在互联网时代更加迅速地获取信息。在移动终端被开发出的许多应用，如地理位置服务、微信与二维码等，都在不同程度上促进了新型的商务模式的发展，移动终端的媒体属性与专属的个性化服务也有利于其营销。随着时代的发展，5G 应用已经开始登上舞台，电商企业在占领移动终端应用市场方面也有了新的机遇。

（3）跨境电子商务将加快外贸发展方式转变

互联网技术的发展为电子商务提供了更加广阔的空间，也使人们在购物时不再受到时间与空间的限制，不断加快国际国内要素的流动速度，使市场融合的深度不断加深。跨境电子商务由于其开放性、全球化、低成本与高效率的特点，在推动世界经济一体化方面具有非常重要的作用。

（4）大数据技术将推动电子商务向精细化发展

大数据技术能够帮助企业进行精准营销，实现客户的个性化服务，帮助企业更好地做出管理决策。在大数据技术不断发展的今天，电子商务企业能够使用大数据分析技术，在规模巨大的用户数据中挖掘出最具市场开发价值的营销数据，从而为消费者提供更加符合需求的服务，通过大数据分析这种方式，也能够为企业营销提供更加有效的方案，不断提升市场的服务与运行效率。

（5）电子商务企业跨界经营将冲击传统企业

电子商务企业的规模随着时代的发展不断扩大，这些企业开始向着物流、金融与广告业发展，许多大型的电子商务企业，正在向着跨境经营的方向努力。信息技术开始在现阶段逐渐展现自身的优势，电子商务企业挖掘供应链数据，为与其连接的上下游企业即中小型企业提供融资服务。大型企业为了不断降低自身的生产成本，开始建立属于自己的物流体系，这样企业就能够不断完善自己的信息化管理系统，在市场中实现与传统物流企业的竞争。

二、电子商务的应用

（一）电子商务在零售行业的应用

中国百货业在 21 世纪初开始经历了十年的黄金发展期，而后受经济环境和行业竞争的影响，中国的百货业在转型方面也存在着很大压力。在零售业，业内人士以购物中心代替了“百货商店”，这种较为现代化的购物中心拥有更大的体量，也具备更强的聚客能力，“百货商店”这种传统业态已经在社会的不断发展中成了历史。

与此同时，电子商务零售（网络零售）正在崛起。电子商务零售指利用计算机网络技术实现整个交易过程中的电子化、数字化和网络化。按照交易主体的特点进行分类，可以将其分为：B2C(business to consumer，企业对顾客电子商务)、B2B (business to business，企业对企业电子商务)、C2B (consumer to business，顾客对企业电子商务)、C2C（consumer to consumer，顾客对消费者电子商务)、O2O（online to offline，线上到线下）等。这些模式中的交易主体总共有八个，分别是企业、政府、管理者、消费者、线上平台、线下实体、工厂、代理商，通过对八个交易主体的研究，发现这些交易主体都是围绕消费者产生联系。

传统零售业包括超市、便利店、专卖店、购物中心、工厂直销店等，其起源可追溯到 19 世纪中叶，至今约有 170 年的发展历史。网络零售业包括电视购物、邮购、网上商店、电话购物等。

1. 网络零售带来的冲击和颠覆

在电子商务交易模式下，人们不必面对面地在实体市场上进行交易，也不必再依赖于纸质单据和货币进行交易，其快速发展对我国零售行业产生了巨大影响。特别是对于传统零售企业而言，一方面，电子商务平台的搭建为传统零售企业提供了拓展业务和吸引顾客的好处；另一方面，给传统零售企业带来了冲击和颠覆。

第一，电子商务环境下的新商业模式冲击传统零售业原有模式。由于电子商务的迅速发展，一些基于网络的新商务模式不断涌现，传统的零售业面临着更为严峻的挑战。例如，网上商店的商品价格普遍低于传统的零售商，因为网上商店的成本较低，店主只需支付较少的人力服务费，甚至无须支付店铺费。因此，对于不具有价格竞争力的传统零售商，必须主动变革才能生存下去。

第二，电子商务的发展对传统零售业形成直接竞争。现阶段，越来越多的人，尤其是年轻一代的人更乐于运用互联网进行购物。目前，广告公司利用传统媒体进行广告投放的比例降低，在互联网上投放广告的数量越来越多。在电子商务时代，年轻顾客对这种商务模式的接受程度较高，在互联网上购买商品已经成为主流，这就导致传统零售业的顾客锐减，使传统零售业受到了很大的冲击。

2. 电子商务对零售业的改造

电子商务活动能够为人们的购物提供更加便利的方式，人们在这样的大环境下，在家里就能够完成对自己心仪商品的选购，打破了时间与空间的限制。电子商务这种新型的交易方式，在一定程度上改变了人们的交易方式与消费习惯，并使整个社会经济结构发生变化。近几年，在各行各业中都能够看到电子商务的身影，这对传统零售业的发展产生了很大的冲击，迫使零售业不断进行改造与创新。

第一，网络零售释放消费潜力。网络零售业是伴随着电子商务的发展兴起的一种新型零售业态。

第二，网络零售提升交易效率。零售业是连接生产和消费最关键的流通环节，零售业是否具有效率不仅制约着再生产，还直接关系着消费者需求的满足。经过近十年的高速发展，我国零售业在发展环境、市场规模及结构等方面都发生了巨大变化，零售企业的经营规模也越来越大，连锁化、集团化、集中化趋势不断加强。需要注意的是，在效率问题上不能单纯地追求速度和数量，更要注重质量和效益。网络零售的快速发展，为解决效率问题提供了一个很好的路径。

网络零售的最大特点就在于其终端无缝覆盖。通常而言，只要有互联网的存在，就可以有网络信息的传播，那么消费者便可以随时购买自己所需要的消费品。例如，对于网络购物，只要有一台可以上网的电脑或者手机，消费者足不出户，只需在工作之余的零碎时间里就能搜集商品信息，和朋友、同事讨论商品性能、交流消费体验，甚至做出购买决定，这极大地提高了消费者对时间的利用率，节省了消费者的时间成本，这对于工作繁忙、时间紧迫的上班族来说是非常便利的，即便是加班没时间上街购物，在工作间隙花费少许时间就能完成所需商品的购买。毋庸置疑，网络零售提升了商品的交易效率。

第三，“互联网 + 实体店”，实现“人、货、场”的数据化。在现如今的市场上，许多服装品牌除在线下设立实体店之外，还在线上通过互联网平台建立起了官方旗舰店。除此之外，许多地方特产也能够在互联网平台上购买。由此可见，随着社会经济的不断进步，互联网技术与智能终端在不断升级换代，互联网与实体店在这样的背景下，融合渗透已经是不可逆转的大趋势。

这种线上和线下融合发展之路，其商业模式可以概括为“店商 + 电商 + 零售服务商”，核心是以互联网技术为基础，嫁接、叠加、改造、优化线下的业务流程和零售资源，整合产品的生产和销售，融合线上和线下，服务全产业，服务全客群，以实现“人、货、场”的数据化。

3. 零售业电子商务特点和趋势

在过去的几十年中，零售业发展很快，已具有相当规模，并且成为当今社会的支柱产业。信息化是零售企业能发展到如此大规模的一个核心因素，在电子商务与零售业的关系上，实体零售业虽然受到了冲击，但从另一个角度来说，也在这个过程中产生了“新零售”方式，这种新方式的出现能够促使零售业高速、大规模发展。现今，随着信息网络的发展，电子商务在全球范围内的交易额也已经突破数千亿美元，网络零售这个新型的零售方式有着非常利好的发展前景，各国达成了统一的认识，认为未来世界经济发展的重要推动力之一就是电子商务，会对世界经济形成非常强大的促进作用。

许多企业通过网络零售的方式增强了市场竞争力，拓宽了自己的业务领域，并逐步实现了自身在全球范围内的发展，与此同时，市场供应链能够在制造商、供应商、采购商与直接用户的共同努力下不断优化，在这个过程中各公司也会实现连通，实现共同发展。网络贸易形式不仅能够使用户反馈的速度得到有效提升，还能够提升用户忠诚度与服务质量，随着信息技术与系统集成技术的进一步发展，公司内部的沟通与协作将会更加协调，为外部数据的集成与内部操作提供了更加广阔的前景。

（1）平台和企业的融合

电子商务在产生伊始就显现出了巨大的发展潜力，在中国发展约20年后，电子商务在企业中的地位已经非常高了，并且成为企业中不可或缺的“基础设施”建设。在电子商务平台中，企业不断进行自我创新，实现了企业融合，在实现企业结构调整的同时也提升了社会生产力。在未来，电子商务仍旧会保持高速发展的态势。下面，我们来分析一下电子商务平台在时代的发展中与企业融合的原因。

第一，技术创新的推动。技术进步离不开技术创新，企业与企业在发展过程中也会不断进行技术融合，在产业与企业间传递技术，会不断模糊产业的边界，实现类似企业的趋同性发展。除此之外，产业的发展导向是技术融合产生的正向影响，能够促使企业优化业务范围，不断调整物质资料、技术资源、人力与管理等生产要素，开拓与企业发展规划相适应的新业务，不断为客户提供具有针对性的服务与产品，进一步促进企业之间的融合发展。

第二，竞争与协同效应。企业的发展离不开与同类企业之间的竞争，从这个意义上来说，企业竞争具有三个层次。一是由企业提供产品的数量、质量、服务与品牌方面的竞争，二是由支撑企业进行的技术竞争、工艺竞争、标准竞争与模块竞争，三是能够帮助企业在一众同类企业的竞争中胜出的核心竞争力。

第三，市场需求的扩大。现如今，经济发展水平不断提升，社会生产力水平也比之前有了较大的改善，因此在这样的背景下，人们不断提高对产品的需求水平，开始追求多样化的消费品。人们逐渐拥有了渴望方便快捷、低成本、高效率进行贸易活动的愿望，这就促使企业在发展的过程中不断创新。我们可以将零售业作为一个典型来分析，电子商务在我国的发展不仅能够转移传统零售市场的需求，还能够为客户创造新的市场需求。市场需求的不断扩大能够为企业的利润增长提供较大空间，使企业进行跨产业的业务融合。在互联网技术不断发展的过程中，零售市场开始以网络销售为主，形成新的经济增长点。

（2）基于大数据的精准营销

麦肯锡全球研究院将“大数据”定义为“无法在一定时间内使用传统数据库软件工具对其内容进行获取、管理和处理的数据集合”。大数据的本质就是对客户的消费意向与需求进行相应的分析，是一种具备较强商业优势的智能化活动。大数据营销就是指企业使用大数据对客户进行分析，并在这个过程中收获一些既定的结果，使用这些结果鼓励客户进行交易，不断优化企业营销效果。大数据的组成是由传统与网络渠道内的结构与非结构型数据实现的。企业在营销的过程中，能够通过大数据对用户的分析实现咨询与策略投放服务，不断为企业的利润增长提供动力。

营销革命就是在大数据背景下出现的，人们在社交网络中进行活动，就会不可避免地产生大数据，企业为了不断了解用户的消费需求，就需要充分了解消费者在社交网络中的行为并不断对其进行分析，进而在网络中记录消费者由于其行为产生的数据，不断为消费者提供精准化的营销策略。

第一，企业为了挖掘潜在的消费者，利用互联网进行用户数据的收集与分析。第二，企业为了能够保持现有消费者的黏度，定时对消费者的购买信息进行有效分析，不断挖掘消费者偏好，满足消费者的个性化需求。除此之外，企业为了给消费者提供更加精准化的营销，需要详细划分受众标签，在划分这些标签时，充分掌握不同层次消费者的消费需求。在大数据时代，客户关系的维系有了非常便捷的方式，因此电商企业能够根据消费者在互联网上的动向及时做出合理的判断，在一定程度上减少客户流失。

经过上述分析，我们可以看出企业要想提升营销效率，就必须在大数据时代创新自己的营销方式，不断实现精准化营销。大数据帮助企业实现精准化营销主体表现在以下三点：首先，企业能够通过大数据的精准营销实现渠道决策的优化；其次，企业能够通过大数据的精准营销实现精准化信息的推送；最后，企业做出正确决策也在一定程度上依赖大数据营销的不断发展。

我国电子商务的发展时间较短，虽然有些电子商务企业的营销效率在逐步上升，但数据质量较低、营销效果不明显仍旧是现如今大部分电子商务企业在发展过程中存在的问题。另外，有些中小型的电商企业存在基础数据匮乏的情况，导致这些企业在发展大数据营销应用方面受到限制。要想在一定程度上改善这种状态，企业就必须仔细分析自身发展存在的问题，并在这个过程中解决这些问题，实现企业的又好又快发展。

（3）尊重客户的个性化需求

对于电子商务零售业来说，与传统零售业最大的区别就是它能够满足不同客户的个性化需求。企业的根本目标是在发展的过程中取得较为可观的利润，因此为了达成这一目标，在生产产品的过程中就必须将客户需求作为重要指标，不断收集、分析客户信息，根据这些信息对产品的生产进行改良，使生产出来的产品能够满足客户的个性化需要。

现阶段，通信技术、信息技术与网络技术不断发展，企业能够通过多种方式更加便捷地获取客户的信息。例如，企业能够通过电话交流、建立呼叫中心、设计调查问卷、进行市场调查等渠道获取用户信息。企业将搜集来的数据储存在数据仓库中，数据仓库不仅能够支持数据的储存与管理工作，还能够对数据进行相应的加工，对数据进行处理之后再存储到企业数据仓库中，或者直接将通过电子商务渠道获取到的客户需求信息储存在 Web 数据库与云数据库中。经过企业搜集大数据并对数据进行分析储存的一系列过程，企业才能够更加充分地了解客户需求，为客户提供更加符合其个性化需求的产品。

（4）缩短供应链

供应链管理是一种集成的管理思想和方法，执行供应链中从供应商到最终用户的物流计划和控制等职能，它寻求把产品迅速、可靠地送到用户手中所需要的费用与生产、库存管理费用之间的平衡点，从而确定最佳的库存投资额。在互联网环境下，为了更好地满足客户需求的多样化和及时化，各电商企业在产品销售的部分环节缩短了供应链。

对比传统的物流模式，缩短的物流模式，即快速响应的供应链物流模式的主要改进点在制造商及其以下的节点企业的物流上，主要有四种物流模式，分别是以制造商为改进点的直销物流模式、以批发商为改进点的零售支持型批发物流模式和区域零售支持型综合批发物流物流，以及以制造商和零售商为改进点的产销联盟物流模式，并且它们各自不同的适用范围取决于供应链的运作特点和行业特征。

如图 1−2−1 所示，这是一条简化了的供应链，包括供应商、制造商、分销商、物流服务提供商等。这种缩短了的供应链分别以制造商、批发商和零售商为改进点，同时考虑它们之间的同步供需或合作联盟，包括了以制造商为改进点的直销物流模式、以批发商为改进点的零售支持型批发物流模式和区域零售支持型综合批发物流模式、以制造商和零售商为改进点的产销联盟物流模式。这四种模式都具有独特的优点，电商企业必须根据本身的生产销售实际情况来选择符合自身发展的供应链。最主要的优势体现在货物尽快送到客户手中。

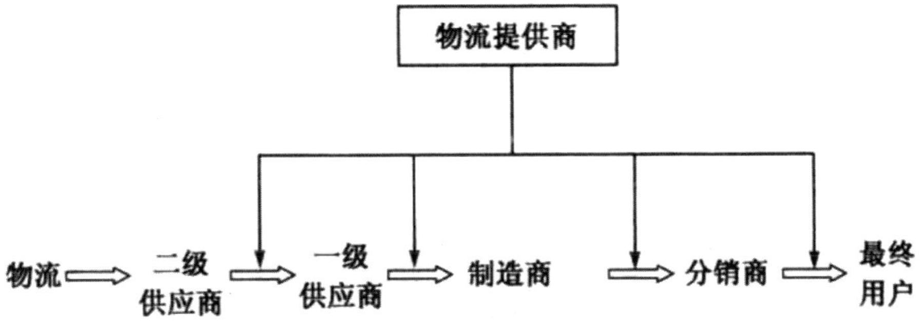

图 1-2-1　缩短的物流供应

（5）快速反应

随着社会经济的发展，商业领域也开始显现出一些不同于以往的变化。顾客不仅要求产品的种类要较从前丰富，成本也要比之前低廉，并且他们还想要在最短的时间内获取一些满足他们要求的产品，因此快速反应（quick response，QR）应运而生。一些工业性商品具有季节性，这些商品都存在一个共同的特点，即零售商提交订单与供应商交货之间存在一个提前期，零售商希望这个提前期不能过长，这是为了能够使供应商减少预测误差，降低无法按时供货的可能性；供应商恰好相反，供应商希望通过延长提前期妥善安排生产计划，有效降低生产成本。因此，快速反应在缓解零售商与供应商之间的订货周期矛盾方面具有非常积极的促进作用。

响应快速、信息共享、资源集成、伙伴协作、利益共赢与过程柔性都是快速反应理念的体现。其中，信息共享这个要素能够直接对供应链的绩效产生较大的影响，企业想要使供应链上的信息能够被准确无误地传递，就必须严格规定供应链伙伴之间的信息共享原则，主要包括销售、库存、生产与成本这些环节。信息共享的正向作用对一个企业的发展来说有着诸多好处，不仅能够提升整个供应链的反应速度，还能够满足客户需求，从这个角度上来说，恰好发挥了电子商务零售业具备的所有优势。

（二）电子商务在制造业的应用

1. 电子商务给传统制造业带来的变化

21 世纪，互联网在我国高速发展，我国在发展经济的同时提出了“互联网 +”

计划，这个计划的提出也促进了我国电子商务的不断进步。企业在进行电子商务活动时，借助计算机网络进行企业内部信息的共享、企业之间商业数据的交换与网络营销等活动。我国传统的制造业在社会的发展过程中，出现了众多挑战，即人力成本上升、产能过剩、不能适应市场需求的快速变化等，因此传统制造业要想继续发展，就必须创新自己的经营模式，利用互联网进行贸易活动。随着电子商务在我国长时间的发展和实践，我们可以看出，传统制造业在应用了电子商务之后，确实为其发展带来了一系列的变化，具体来说，主要包括以下四个方面。

第一，生产模式改变。大规模生产是传统制造业的主要生产模式，这种生产模式虽然能够缩短生产周期、提高生产效率、降低生产成本、保证产品质量，但也存在一些不足，如产品模式单一、定制化程度不高、没有充分考虑用户个性需求等。在这种使用大规模生产模式进行工业生产的制造业中，专业设备较多，不利于转产，企业缺乏灵活性与适应性。除此之外，大规模生产模式下生产出来的产品也会存在流通方面的困难，造成大量产品滞销。现如今，为提升市场竞争力，制造业在生产过程中已经将自身的生产模式由大规模生产转变成了定制生产。

第二，销售模式改变。由于传统制造企业的角色是卖方市场，因此在产品销售的过程中竞争压力较小，产品在市场上流通时也是供不应求的状态，由此我们可以知道，大规模生产产品与营销人员销售工作相比是更加重要的，这就是传统制造业下产生的传统销售模式——大规模销售。这种销售模式并不重视顾客的个性化需求，目的是将自己大规模生产的产品或服务全部或大部分地推销出去，让更多的顾客都拥有这种大规模生产出的产品或服务，导致这些制造业会在对待新老顾客时存在差异，即较为重视新顾客的开发，忽略对老顾客的维护，以此来不断提升自身企业的市场占有率。除此之外，企业在发展过程中并不重视企业文化的管理，将产品的销售作为企业在经营过程中的职能之一，这种思想就使企业的发展较为片面化、非系统化，不利于企业看清问题的本质，也不利于销售战略的全面展开。

在电子商务技术的支持下，制造业的销售模式发生了很大改变。传统的销售模式具有成本高、耗时长、效益低的缺点，而运用了电子商务技术后，有很多新的销售模式得以出现，目前在确定电子商务模式的各种方法中，国内外研究人员普遍认可和接受的方法是根据参与电子商务活动的主体对电子商务的基本模式进行划分。众所周知，企业、消费者和政府是电子商务活动的三大主要参与者，因此，电子商务的基本模式主要包括企业间电子商务（B2B）、企业对消费者电子商务（B2C）、企业与政府间电子商务（B2G）、政府间电子商务（G2G）以及消费者间电子商务（C2C）五种，其中 B2B 和 B2C 是最常见的两种电子商务模式。

电子商务销售模式的运用，除了可以规避传统销售模式的各种弊端，其优势也表现在很多方面。第一，交易成本降低。电子商务使得买卖双方的交易成本大大降低。一是距离越远，网络上进行信息传递的成本相对于信件、电话、传真而言就越低。此外，缩短时间及减少重复的数据录入也降低了信息成本。二是买卖双方通过网络进行商务活动，无需中介者参与，减少了交易的有关环节。三是卖方可通过互联网络进行产品介绍、宣传，避免了在传统方式下做广告、发印刷品等大量费用。四是电子商务实行“无纸贸易”，可减少 90% 的文件处理费用。五是互联网使买卖双方即时沟通供需信息，使无库存生产和无库存销售成为可能，从而使库存成本降为零。第二，交易效率提高。由于互联网络将贸易中的商业报文标准化，使商业报文能在世界各地瞬间完成传递与计算机自动处理，使原料采购、产品生产、需求与销售、银行汇兑、保险、货物托运及申报等过程无须人员干预，且在最短的时间内完成。传统贸易方式中，用信件、电话和传真传递信息必须有人的参与，且每个环节都要花不少时间。有时由于人员合作和工作时间的问题，会延误传输时间，失去最佳商机。电子商务克服了传统贸易方式费用高、易出错、处理速度慢等缺点，极大地缩短了交易时间，使整个交易非常快捷与方便。第三，交易更加透明化。买卖双方从交易的洽谈、签约以及货款的支付、交货通知等整个交易过程都在网络上进行。通畅、快捷的信息传输可以保证各种信息之间互相核对，可以防止伪造信息的流通。由于加强了发证单位和验证单位的通信、核对，假的许可证就不易漏网。第四，协调性增强。商务活动是一种协调过程，它需要雇员和客户、生产方、供货方以及商务伙伴间的协调。为提高效率，许多组织都提供了交互式的协议，电子商务活动可以在这些协议的基础上进行。传统的电子商务解决方案能加强公司内部相互作用，电子邮件就是其中一种，但那只是协调员工合作的一小部分功能。将供货方连接至管理系统，再连接到客户订单处理，并通过一个供货渠道加以处理，这样公司就节省了时间，消除了纸张文件带来的麻烦并提高了效率。第五，优化社会资源配置。由于一个行业的所有企业不可能同时采用电子商务，所以，那些率先使用电子商务的企业会有价格上的优势、产量上的优势、规模扩张上的优势、市场占有上的优势和规则制定上的优势，而那些后来使用者或不使用者的平均成本则有可能高于行业的平均成本。这样会使资金、人力和物力等资源通过市场机制和电子商务的共同作用，从成本高的企业向成本低的企业流动，从利用率低的企业向利用率高的企业流动，从亏损的企业向盈利的企业流动，从而使社会资源得到更合理和更优化的配置。第六，提高企业团队合作效率。在企业内部，电子商务模式可以促使企业打破部门之间的界限，把相关人员集合起来，按照市场机制去组织跨职能的工作，从而减少企业的管理层次和管理人员的数量。因为决策的分散化能够增强员工的参与感和责任感，提高了决策的科学性和可操作性，改变下级服从上级、上级行政干预下级的专制型的企业管理模式。在管理思想上，强调高效、敏捷；在管理体制上，注重各环节的协调、配合和并行工作；在组织功能上，强调企业领导者的协调、服务和创新，着力培养企业员工的团队精神，增强企业的凝聚力；在管理的任务方面，强调以客户的需求为中心。

第三，库存模式改变。传统库存模式的特点是各节点企业的库存管理各自为政，物流渠道中的每一个部门都各自管理自有库存，都有自己的库存控制策略，并且相互封闭，同时因传统的生产模式导致大规模生产，各个供应链都有较大的存货。这种库存模式由于各企业间缺少沟通、库存量过大，因此容易造成产品积压，最后甚至产品销售不出去导致浪费，既不利于资源的利用，也不利于传统企业的发展。

如今，各个企业可以通过互联网来了解消费者对产品的偏好，因此可以根据数据来制订产品的库存量，这种模式被称为“协同式供应链库存模式”。这一模式的核心在于提升供应链终端商品的供应率。为了达到这一效果，整个供应链的库存设置在供应链终端的销售商户那里，所有供应链上游的企业和核心生产企业都要根据最终的产品销售情况来调整自己的生产计划。这一模式的最大特色就在于真正将消费者的需求确立为整个供应链库存管理的指导依据，并且包括所有的原材料供应企业和核心生产企业在内的所有供应链企业都显示一样的库存状态，这样就能最大限度地提升消费需求对供应链原材料库存的影响和指导作用。

第四，广告模式改变。传统的制造商广告模式主要是由发送者，即企业经过许多中间环节“推向”最终消费者。其特点是大面积播送，不是直接将信息送到细分的目标市场；信息传送和反馈是隔离的，单向流通、非交互的，有时差的；强势信息灌输，试图用某种印象劝诱目标受众成为购买者。同时，传统广告受媒体的时间和版面的限制，其内容只能删繁就简，突出重点。

现在全球互联网用户近50亿，且这个数字还在快速增长。网络联结着世界范围内的计算机与各类终端，因此通过互联网发布广告信息范围广，不受时间和地域的限制。从广告角度看，如今的广告模式与传统的广告模式相比，网络广告既可以等待目标受众的主动光临，然后再互动；也可以通过大规模的精准推送方式，推送到有潜在需求的客户面前。现在的网络广告沟通模式更为紧凑，沟通效率也得到提高。同时，在网上，广告主提供的信息容量是不受限制的。网络广告可以使网络用户获得更多的信息，突破了传统广告的局限和翻阅的呈现方式。广告主或广告代理商可以提供相当于数千页计的广告信息和说明，不必顾虑传统媒体上每分每秒增加的昂贵的广告费用。此外，网络广告由于先进的科技，具有在文字、声音、画面、音乐、动画、三维空间、虚拟视觉等方面的众多功能，实现了各种功能的统一。网络广告在传播信息时，可以在视觉、听觉，甚至触觉方面给消费者以全面的震撼。

2．电子商务与传统制造业的融合

目前，我国制造业规模虽然居世界前列，但制造业资源消耗大、自主创新能力不强等问题依然突出。经济规模大而不强，主要依靠资源等要素投入推动经济增长和规模扩张的粗放型发展方式不可持续，因此转变经济发展方式刻不容缓。

（1）理念的转变：价值链向价值网转变

价值链概念最早是由哈佛大学商学院教授迈克尔·波特（Michael E. Porter）于1985年提出的。每一个企业都是在设计、生产、销售、发送和辅助产品的过程中进行种种活动的集合体，所有这些活动可以用一个价值链来表明。企业的价值创造是通过一系列活动构成的，这些活动可分为基本活动和支持性活动两类。基本活动包括内部后勤、生产作业、外部后勤、市场和销售、服务等；而支持性活动则包括采购、技术开发、人力资源管理和企业基础设施建设等。这些互不相同但又相互关联的生产经营活动，构成了一个创造价值的动态过程，即价值链。国内外对价值网的研究开始于20世纪90年代，它是在经济全球化、市场竞争、需求个性化、信息技术发展这一历史背景下提出和发展起来的。关于价值网的概念，没有统一的定义，但众多学者对价值网的研究都强调了价值网在信息技术推动下客户导向、快速响应、共同增值的本质特征。总而言之，价值网可以认为是以客户选择为导向，采用数字化手段，连接价值链上的合作伙伴形成动态网络，快速、灵活地满足顾客需求，实现共同增值的业务模式。也就是说，企业不仅要利用数字化手段与合作伙伴建立网络关系，还要与合作伙伴、客户共同创造价值。

传统企业习惯讲价值链，喜欢做价值链的主导者，这背后隐含着“控制”的思想，通过榨取价值链上下游企业的利润来实现自身利益最大化。在互联网条件下，价值链会向价值网络演化，合作伙伴之间通过数据和信息分享，形成网状连接关系，居于商业中心，同时掌握主导权的只有客户一个角色。

电子商务时代下的价值网络发生演变。随着社会的发展进步，企业的价值创造源泉、价值创造方式和价值创造空间都悄然发生了变化。在企业价值创造由要素型发展到关系型，又从关系型发展到结构型的过程中，物质型生产要素实现了向知识型生产要素的升级，企业生产方式实现了信息化、网络化与全球化的转变。价值创造源泉从有形物质拓宽到了无形资源价值创造方式，从实体经营拓展到了虚拟运营，价值创造空间从企业内部延伸到了企业外部。

如今，现代社会体力劳动者和低水平的技能工作者逐渐被自动化、智能化的机器设备所替代；机械化、自动化、智能化的生产方式的进步，使生产分工逐渐向专业化和知识化方向发展，甚至出现了以专业化设备为核心的生产部门等。网络与知识在推动分工细化的同时也推动了价值整合，价值整合不是简单的组合与集成，是以系统知识对模块知识进行整合、以核心知识对边缘知识进行整合、以高层次知识对低层次知识进行整合、以创新知识对普遍知识进行整合。价值整合也是对系统知识的深度挖掘与高度提升，是一种较高形式的价值创造过程。

（2）对生产要素认识的转变：大数据成为生产要素

大数据时代的来临，对于每个行业来说都是一次机遇、一次挑战，尤其是对于互联网行业来说，每一次点击、搜索、购买、传播等行为都是在创造数据，企业想要更好地发展，就必须构建基于数据分享的商业协同网络。事实上，大数据已经逐渐成为企业的生产要素之一，所以很多企业在积极布局，以便在未来的竞争中取得领先的地位。第一步要做的就是打通数据和整合数据，即将销售数据、库存数据与生产数据全程打通。制造业转型的前提是销售数据、库存数据与生产数据全程打通，高度协同。零售端用多品种、小批量（浅库存）、快速交货来捕捉市场需求，供应链端根据不同SKU（单品）畅销、平销、滞销的实际需求情况进行柔性化生产，连续补货；即使发现爆款也是多批次、小批量的连续生产补货（“流”的状态出现了），保证产品全生命周期内不断货，同时也没有过多库存；另外，仓储的地理布局也要尽量使价值流一次完成，如完全可以从工厂的产地仓直接发货给最终客户，不必从工厂发到品牌商仓库再折腾一次。要实现上述的局面，首先要转变观念，愿意彼此分享数据。但是，正是由于观念问题，导致沟通教育的成本很高，因此先进模式的先行者只能在具有创新意识，同时又在上下游有控制权的企业中出现，新的“纵向一体化”的企业会重现。在企业对外协作、服务外包日益盛行的今天，这种做法虽然会被认为是走“回头路”，但这就是先进模式与落后意识冲突的结果。同时，这种模式的目的是实现供应链的真正协同，与上一轮“纵向一体化”浪潮的垄断经营出发点截然不同。

（3）对合作、分享认识的转变：构建基于数据分享的商业协同网络成为必须

现代生产模式，从用户需求到原材料供应必须全程高度协同。随着我国国民经济的持续快速发展和国际市场的剧烈波动，我国传统制造业原材料的生产、供应、物流等供应链环节面临越来越多的挑战，迫切需要转变原材料的供应方式。

为了更好地发展，供应商要先收集原材料用户需求数据，再确认交易价格、质量标准、交货计划等。供应商与核心企业沟通协商，增加消费者需求的同时，合理安排生产计划，并共同制订库存计划，从而消除由于供应链环节之间的不确定性，以及需求信息不对称导致的库存波动此外，由于实行采供销一体化、建立科学的预测模型，可以更加准确地掌握市场需求，进一步提高供应链的同步化程度，既满足了上下游企业需求，又最大限度地减少了库存占用。

（4）应对市场方式的转变：快速反应超过预测市场

很多传统企业的商业模式是以预测市场为基点的，即基于对市场需求的预测来研发新产品、安排产能、做仓储布局。但市场需求是变化莫测的，以预测市场为基础的商业模式存在极大风险，即使在大数据条件下，准确预测市场也是一件很难的事情，定律总会出现，特别是在一个局部市场。例如，下个月杭州真丝碎

花连衣裙的需求是多少？大型家用电器等的市场需求虽然相对平稳，但大数据的预测准确度也只能达到 70 %。对于绝大多数的商品和服务来说，需求是波动的。基于需求预测的商业模式带来的后果是产能不足或过剩，产品滞销或断货。因此，企业建立一种弹性、快速满足市场需求的能力至关重要。例如，对于大多数消费品企业来说，要去测试市场而不要去预测市场，同时根据实际的市场需求，快速生产、快速配送、快速销售。

第一，市场需求总是波动的。市场需求波动指需求信息不能及时交换与分享，致使需求与供应不匹配引起需求的上下波动。居民的可支配收入、产品价格等是影响需求波动的主要因素，外部冲击是引起市场需求短期波动的因素。

第二，电子商务帮助企业建立快速反应市场的能力。快速反应是一种响应状态，即能够在合适的时间面向客户提供合适数量、合适价格和合适质量的产品，是面对市场需求能迅速适应市场状态，并提供相应的产品和服务的能力。在电子商务的环境下，企业对客户的个性化需求和市场需求能做出快速反应，从而迅速占领市场，提升自身竞争力。

（三）电子商务在服务业的应用

1. 电子商务服务业的界定

所有帮助商务活动实现信息化、互联网化的专业服务，在广义上都可以称之为“电子商务服务业”。

电子商务服务业有 14 个环节，如下所示：电子商务企业建立网站→商品展示和服务→关键词投放→广告推广（包括传统渠道和网络渠道）→网站流量提高→在线客服→流量转化→销售实现→网上支付→商家发货→物流送货→买家接货确认→买家卖家互评→售后服务。

从上述分析可以看出，电子商务交易服务的流程包括为电子商务提供网站、营销推广、流量转化、支付、物流服务与售后服务等，其中有不少都是专业服务行为，由这些流程衍生出的其他行业就被称作电子商务服务业，为了电子商务活动能够顺利完成，电子商务服务业的发展是必然趋势。

2007 年，国家发展和改革委员会和国务院信息化工作办公室联合颁发的《电子商务发展“十一五”规划》首次正式提出电子商务服务业的概念。电子商务服务业是指使用计算机网络为交易双方营造有利的商务环境，促进双方进行贸易往来活动的新业态。在计算机网络技术条件下，传统商务服务进行了一系列的创新与转型，演变出了现代的电子商务服务业。电子商务服务业的出现，能够提升电子商务创新与发展的实效性，不断促进电子商务在现今的市场上的广泛应用。

电子商务服务业是依托互联网发展起来的，能够为企业或个人提供较为全面的、具有针对性的电子商务支持服务，在这项服务中，主要包括三个内容，第一是互联网的交易服务，二是业务支持服务，三是信息技术系统服务。电子商务服务业的本质是一种生态体系，以电子商务平台作为依托，能够为顾客提供较为完善的支撑服务。

2. 电子商务服务业的构成

电子商务服务业依托电子商务的发展不断扩大自己的服务范围，在这个过程中，其内涵与构成也在不断发展。现如今的电子商务交易平台服务业、电子商务代运营服务业、电子商务物流服务业与电子商务信用服务业等都是电子商务服务业的主要构成要素。

（1）电子商务交易平台服务业

20 世纪末期，电子商务服务业开始在中国出现，中国电子商务的龙头企业阿里巴巴建立了淘宝网与支付宝等方便人们进行电子商务活动的平台，为中小企业与个人创业者使用电子商务进行贸易活动提供了方便。由此，我们可以看出，电子商务平台服务业的发展时间是最长的，在这之后一些衍生服务也依托电子商务平台得以发展。从严格意义上来说，21 世纪初期，电子商务服务业才真正开始在国内兴起。

中小企业与个人创业者在发展的过程中，不断积累电子商务用户，使他们对于电子商务平台的需求更加多元化。一些电子商务平台与金融、物流、法律、营销等机构进行融合，为客户提供了更加个性化的服务，由此我国电子商务服务业进入了繁荣发展阶段。

目前，电子商务服务中的交易服务实现了由“居间中介”到“平台服务”的转变，电子商务交易平台在实际生活中的作用已经越来越显著。随着时代的发展，中小企业在电子商务方面具备了较强的应用与需求意识，促进了电子商务交易平台的发展，两者之间形成了一种较为良性的循环互动关系。

（2）电子商务代运营服务业

21 世纪，互联网在我国的普及率不断提高，这就使得中国网民的数量与电子商务的交易额也在不断增长。在这一背景下，传统企业感受到了电子商务为它们带来的发展机遇，也开始向线上市场进军，发展电子商务活动。2008 年底以来，大批传统品牌商、制造企业和零售业纷纷以开设官方网上商城、在第三方平台上开设旗舰店的形式，搭建网络销售渠道。一方面，越来越多的传统企业希望快速建立网络渠道开展电子商务，开拓产品销售渠道，抢占线上市场，树立品牌形象；另一方面，又受到电子商务专业人才缺乏、投入成本高、经验缺乏等因素的限制，在这种背景下，电子商务代运营服务业应运而生。

电子商务代运营商，指为品牌商“触网”提供系列服务的电子商务方案提供商，具体服务包括网站建立、品牌营销推广、仓储物流、支付、客户服务等，具体的代运营商提供全产业链服务或专注于其中一个环节。代运营根据定位不同分为三种：提供多品类、全产业链一站式运营服务；聚焦一个行业，提供全产业链的运营服务；聚焦产业链的单个环节，凸显服务的专业性。

电子商务代运营服务企业是传统企业与电子商务之间的桥梁，既能够为传统企业输送人才，还能够帮助传统企业建立起网络销售渠道，不断完善企业的品牌形象，并使这种品牌形象深入人心，有效降低运营风险与成本，使企业能够不断拓展自己在电子商务市场中的位置，提升电子商务代运营市场的发展速度。

（3）电子商务物流服务业

2001 年至今，是我国物流业从起步期加快向成长期转型的时期。电子商务的发展提升了物流业的地位，加速了物流业的转型，产生了电子商务物流服务业。电子商务对物流的影响是全方位的，对物流的各个环节和各个功能都产生了积极的影响，从而促进了物流业本身的变革。随着电子商务的发展，第三方物流成为主流。

在电子商务环境下，物流企业更加强化，它既是生产企业的仓库，又是用户的实物供应者。此外物流企业促进了供应链管理模式的变化，促使供应链短路化，企业不需要设置多层的分销网络，既降低了流通成本，又缩短了流通时间。供应链中货物流动方式由“推动式”变成“拉动式”。新技术率先在电子商务物流服务业中得到使用，尤其是信息技术、自动化技术和物联网技术等。

电子商务物流服务业具有信息化、网络化、自动化、智能化、柔性化的特点，使其为电子商务的发展提供了重要保障，同时也使本行业成为社会商品流通的重要渠道。电子商务物流服务业是保证电子商务业务成功开展的关键。

（4）电子商务信用服务业

电子商务信用主要指的是电子商务交易中由买方、卖方和电商平台提供方、第三方物流、工商、税务、银行、公安及其他机构构成的多方互动的信用关系，每个参与者都承担着相关的信用责任。电子商务信用服务业主要指用于收集、处理、查证电子商务参与者的信用状况，以及由国家、地方或行业管理部门建立的监督、管理与保障有关成员信用活动发展的一系列机制与行为规范等。

电子商务信用服务业的业务主要包括交易双方的信用评价，第三方信用服务机构的信用评级报告或评估等级，代收款信用担保服务，诚信保障基金，电子商务认证中心提供的数字证书、数字签名和数字时间戳等方面。

目前，我国电子商务信用服务产品还存在服务内容单一、标准不统一、企业缺乏品牌战略意识等问题，无法满足日益发展的电子商务对信用服务产品多样性、差异性的要求。从服务供给来看，电子商务信用服务机构已逐渐从提供信用评分、信用评价、信用认证等初级信用服务产品，向提供多层次、分类别、多样化的信用服务产品转变，电子商务信用服务业的产业化进程不断加快，发展规模日益扩大。目前，我国电子商务信用服务业的市场竞争已经基本形成官办机构、民营企业、中外合资企业共同发展的格局，多层次的电子商务信用服务体系初步形成。

（5）电子商务教育培训服务业

电子商务教育培训服务业是网络教育服务的一种，在电子商务教育培训服务业中，教育培训门户网站是最常见的一种方式，是借助高速发展的互联网来实现教育培训主体机构与消费者之间的连通，是中国教育培训产业多元化的有效尝试。

从中国整体的商务模式上来说，传统企业必须要进行电子商务的改革，才能符合社会经济的发展需求，在中国信息化程度不断发展，网民对网络教育的认知也在逐渐提升，因此未来的电子商务教育培训服务业有着广阔的市场。现如今，社会对人才的需求越来越高，终身教育也成为人们的不懈追求，所以电子商务教育培训服务业会在人们未来的工作与生活中占据越来越重要的位置。如图 1-2-2 所示，为教育培训服务业的发展趋势。

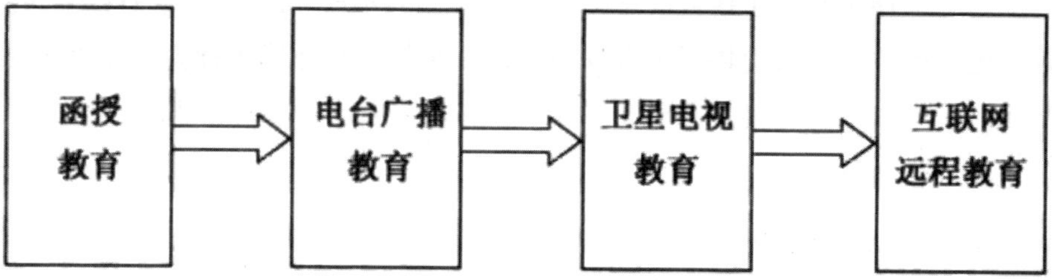

图 1-2-2 教育培训服务业发展趋势

传统教育模式虽然在时间与空间上有着一定的局限性，但电子商务教育培训服务业将这种局限性大大减小了，电子商务教育培训服务业在教学过程中使用了交互性教学，这种新型的教学方式在满足学生个性化需求方面有着重要作用，体现了电子商务在应用方面的优势。

（6）电子商务金融服务业

电子商务的出现改变了传统的客户和金融机构雇员面对面的交易方式，时空距离不再制约金融机构的业务发展。可以说，只要有网络的存在，我们就可以在任何时间、任何地点享受与电子商务相关的金融服务。

从广义上来看，电子商务金融服务业在内容上涵盖了网络银行、网络证券、网络保险、网络理财、电子支付等相关金融服务业；从狭义上来看，电子商务的金融服务业指的是围绕电子商务产生的部分金融业务，目前主要体现为电子支付。

金融机构在电子商务不断发展的背景下，逐渐发展成为能够向顾客销售多种金融产品及为其提供多项社会服务的企业。在金融机构中，其品种、资产结构与营利方式更加多元化、综合化。

3．电子商务服务业的作用

电子商务服务业随着社会的发展不断进步，电子商务服务业之所以能够高速发展，除了互联网技术的不断发展，电子商务服务业也较传统服务业拥有一些其他的优势。

第一，降低社会交易成本。电子商务服务商为交易提供了方便、高效的基础设施，在交易的各个环节提供专业的服务，提高了交易对象的可得性和交易过程的便利性，从而有效地降低了交易成本。具体来看，电子商务服务能够有效降低时间成本、营销成本、渠道成本、物流成本、资金周转成本等。

第二，促进社会分工协作。电子商务服务业随着社会的发展逐渐成熟，在这个过程中，电子商务服务商为顾客提供的服务内容也在不断丰富，这样企业才能不断优化自身的商业流程，将客户需求作为自身发展的目标，不断创新产品、营销与商业模式，从而带动社会创新。

第三，推动社会创新。电子商务企业在电子商务服务业的发展过程中进行的现代企业管理服务在很大程度上降低了自身成本，有利于提升生产与经营水平。除此之外，电子商务服务商为网商提供采购、营销、融资等环节，能够减少企业在日常生产经营活动中的人力、时间与资金成本，从而使网商能够将自己的精力全部放在挖掘客户需求方面，不断创新企业的产品、服务、营销与商业模式等，进而为社会创新做出贡献。

第四，提高社会资源配置效率。目前，电子商务服务业不断发展，企业与创业者都可以在这种大环境下与合作伙伴共同外包、采购，通过战略合作等方式建立联系，不断整合人力、技术、生产与资本等社会资源，有利于根据客户需求为其提供更加合理的产品与服务，不断提升社会资源的配置效率。

第三节　电子商务的功能与影响

一、电子商务的功能

（一）广告宣传

企业在进行电子商务活动时，是使用互联网在网络平台上发布各种商业信息来实现的。客户在浏览网页时，可以借助检索工具在短时间内搜索到自己需要的商品信息，商家也可以通过网络平台为自己的商品做广告宣传。与传统的广告形式相比，在网络上投放广告能够以更加低廉的成本为顾客提供更加丰富的信息量。

（二）咨询洽谈

电子商务的产生有利于商家通过电子邮件、新闻实时讨论、了解、掌握市场动向与商品信息，在网络平台上与对方进行贸易交流，或使用白板会议交换即时的图形信息。随着信息技术的不断发展，网上的商品咨询与业务洽谈能够突破空间限制，为异地交易提供便利。

（三）网上订购

电子商务的出现实现了网上订购、送货上门的交易模式，提供网上订购服务的商家通常会通过电子商务平台发布详细的产品介绍，并为客户提供订购交互对话框，实现商家与客户的实时交流。当客户下单完成之后，系统会自动为客户提供信息单以供确认，保证订购信息的正确性。通常，为了确保电子商务的安全进行，商家会为客户的订购信息提供加密服务，最大限度地确保商业信息的秘密性。

（四）网上支付

电子商务只有拥有了一些必要环节，才能够顺利进行，其中网上支付在电子商务活动中的地位非常重要。客户与商家在进行交易时，可以使用信用卡、储蓄卡等方式，在网上使用电子支付的方式能够在一定程度上节省不必要的开销。为了实现网上支付功能长效可持续发展，有关部门需要进行严格的信息传输控制，严防欺骗、窃听、冒用等非法行为的出现。

（五）电子账户

电子金融是进行网上支付的必备条件，电子金融是一些具有金融服务功能的银行、信用卡公司及保险公司为电子商务的交易双方提供网上操作，电子账户管理是作为网上支付的重要组成部分存在的。

电子账户的形式有很多，信用卡号与银行账号都是其中的一种，为了确保电子账户的安全，有关部门必须制定安全技术措施，如数字证书、数字签名与加密手段等。

（六）服务传递

电子商务的服务传递功能指商家将已确定的订单派发给仓库，并督促仓库尽快将货品送到客户手中。在电子商务活动中，货物不仅可以在本地，也可以在异地，商家通过电子邮件调配货物信息并且为消费者安排发货。在所有货品中，最快捷、适合在网上传递的商品就是包含软件、电子读物与信息服务等在内的数字化产品，这些产品不需要物流的传递，直接从电子仓库传递至客户的手中。

（七）意见征询

电子商务活动对收集客户关于销售服务的反馈意见是非常便利的，可以在网页上使用“选择”“填空”等格式文件来实现，有利于优化企业的市场运营。企业在电子商务活动中收集客户的反馈意见，有利于优化自身的服务水平，提升自身在市场上的竞争力。

（八）交易管理

电子商务活动的整个交易过程涉及很多方面，交易管理就是其中之一，交易管理的范围很广，在企业对企业、企业对客户及企业内部三个方面进行协调与管理，因此我们可以看出，交易管理是在商务活动中对交易的各环节进行管理。电子商务随着信息技术的发展具备先进性，为交易管理提供了良好的网络环境与应用服务系统，电子商务也在这个过程中被应用得越来越广泛。

二、电子商务的影响

（一）电子商务对社会经济的影响

随着信息技术的不断发展，电子商务中一些新生的名词，如虚拟企业、虚拟银行、网络营销、网上支付等正在逐渐被人们所接受，这些新生的词汇也体现了电子商务在现如今的经济社会中地位不断提升，电子商务也正在逐步影响着人们的生活。传统商务模式以线下为主，那时人们需要在商场中一层一层地寻找自己所需的物品，随着电子商务在社会中的普及程度加深，人们可以在家里利用互联网进行贸易活动，这使人们在采购时突破了空间地域的限制，还可以在家中享受到非常全面的在线服务。这些在线服务涵盖的范围非常广，不仅能够使消费者在网络平台上购买自己所需的商品，还能够为消费者提供一些其他服务，如安排旅游行程、网上医疗诊断与远程教育等。通过以上分析，我们可以看出电子商务对社会经济的影响如下。

1. 电子商务将改变企业经营方式

电子商务对企业的经营方式产生了一些影响，这些影响在于电子商务改变了传统销售员“说破嘴、跑断腿”的状态。信息技术的发展使企业能够掌握整个市场的发展动向，使企业能够通过大数据精准获取客户，使用网络平台与消费者达成交易并完成支付服务；企业也可以通过网络平台密切关注政府、竞争对手与消费者的动向。因此，这种网络商业模式能够对企业的经营方式产生较为积极的影响。

2. 电子商务将改变人们的消费方式

消费者在网络平台购物时，能够根据自己的意愿选择商品，因此消费者主导是电子商务最显著的特征之一。除此之外，消费者也能够在交易过程中进行较为轻松的自我服务，在网络购物中消费者主权得到越来越充分的体现。

3. 电子商务将改变企业的生产方式

电子商务发展到现在，已经成为一种在人们生活中不可或缺的快捷、方便的购物手段，生产厂商可以通过消费者在购物网页中留下的个人信息为消费者提供更加个性化、特殊化的商品。现如今的客户需求越来越高，为了能够不断满足顾客需求，一些涉及制造业的企业都开始向电子商业模式转变，并按照用户的不同要求，做到按需供应。

4. 电子商务将给传统行业带来一场革命

电子商务是指人与人之间能够通过电子通信方式进行商务活动。在线上进行贸易的形式能够最大限度地提升商务活动的效率，减少贸易双方的交易成本，传统行业尤其是传统制造业在电子商务的不断发展中进入了小批量、多种类的时代，出现了“零库存”的现象；传统零售业与批发业也出现了新的经营模式，如“无店铺”“网上营销”等。传统服务业在电子商务广泛普及的背景下，一种全新的服务方式被建立起来。

5. 电子商务将带来一个全新的金融业

在电子商务活动中，在线电子支付是最不可或缺的环节之一，在线电子支付能够促使电子商务活动顺利开展，电子交易技术的不断发展使电子商务产生了一系列的电子金融服务，如网络银行、网络银行电子支付系统、电子支票等，使传统金融业在现代焕发新的生机。

6. 电子商务将转变政府的行为

政府在社会中具备许多功能，如管理社会、经济、文化等，政府是社会发展的宏观调控者与管理者，能够在一定程度上调节市场经济的运行，保证市场健康稳健发展。现如今，电子商务被企业广泛应用于生产经营过程中，银行的经营模式也产生了较大的变化，电子金融开始在社会中应用，电子政府在现如今的发展过程中已经成为一个重要的社会角色。

（二）电子商务对企业竞争优势的影响

1. 巩固公司现有竞争优势

现阶段，市场经济决定了企业在发展过程中必须要充分满足市场需求，企业在发展过程中制定的发展策略与目标都是为市场服务的，因此我们可以将企业对市场的需求做一个详细的了解，分析有关的信息与数据，客观地为企业争取相应的发展机遇。电子商务企业能够深度挖掘顾客的需求，也能够通过大数据分析发现企业的潜在客户，从而制订具有针对性与科学性的营销策略与计划，为企业尽早实现营销目标不断努力。

2. 加强与顾客的沟通

顾客是电子商务的主体，在一个企业的网络数据库中，只有保存了许多关于现有消费者与潜在消费者的数据资料，企业才能有针对性地为顾客提供他们所需的产品与服务，不断满足顾客的需求。企业建立并不断完善网络数据库，能够对目前销售的产品在顾客满意度与购买情况方面进行科学合理的分析，通过分析结果来合理配置销售资源，不断降低交易成本，有效增加企业效益。在企业进行关系营销时，通常是以网络数据库营销作为基础，目的是建立顾客忠诚度与品牌忠诚度，使企业与顾客之间实现一对一营销，顾客的需求与服务要求都能被企业一一满足，而企业通过对顾客进行理性与知识性的分析，也能够设计、生产出更加符合顾客需求的产品。随着互联网的发展，不少企业也建立起了大型的数据库，这种数据库的建立在降低企业成本、为顾客提供更加优质的服务方面有着非常重要的作用。

3. 提高新产品开发和服务能力

现如今，许多企业都开始迈入电子商务阶段，这些企业能够通过互联网与顾客实现互通，并在这个过程中充分掌握顾客的需求，也有些企业能够根据顾客对商品的特征、功能、应用、特点与收益等的要求，为顾客提供定制服务。在现阶段的工业品市场上，拥有最高热度的新产品在开发过程中往往借鉴了一些潜在客户提出的建议，企业在与顾客进行交互式沟通时，会使用网络数据库营销的方式进行，这样的交互方式能够激发新产品开发者对产品的灵感，不断克服在传统市场调研中出现的一些缺点。对于已经开发出来并在市场上流通的商品，企业可以通过互联网以电子商务的贸易模式获取顾客对产品的真实评价与改进意见，这样才能更好地对产品进行优化。目前，随着信息技术的发展，越来越多的企业开始在电子商务领域有所涉猎，这些企业在数据库产品的开发研制方面越来越精细，相应地，其服务市场的规模也在逐渐扩大。

5. 稳定与供应商关系

供应商是指能够为另一个公司或竞争者提供相应的产品与服务的公司或个体。企业在选择供应商时，不仅要考虑生产的需要，还要考虑时间的需要，即市场需求是计划供应量的目标，只有将客户需要的供应品按照规定的时间生产出来，才能最大限度地节约生产成本、控制商品质量。一个企业如果有意向电子商务方向发展，就必须要预测市场的销售量，并根据预测确定供应量的合理范围，确保企业生产出的商品能够符合市场需求。除此之外，企业也可以通过对竞争者的供应量进行调查，制订出更加科学的采购计划，在市场中增强自身的竞争优势。

（三）电子商务对消费者的影响

1. 改变信息获取方式

现如今，电子商务活动在全世界范围内得到了广泛普及，人们不仅能够在传统媒体中获取自己想要知道的信息，还可以通过互联网在现代网络媒体中获取信息。互联网是一个能够容纳许多人同时访问的网络平台，这种新型的媒体与传统媒体相比，具备更加快捷、直观、有效等特点，客户可以在互联网中突破时空的限制，获取自己感兴趣的信息。

2. 改变购物方式

电子商务在全世界范围内不断发展，满足了消费者在家购物的需求，消费者只要在家中拥有一台计算机或一部手机，并且这台计算机或这部手机能够联网，消费者就可以在互联网平台上购买商品。消费者在电商平台上选定商品，确认订单并付款，就可以享受送货上门服务了。

3. 改变教育方式

随着社会经济的不断发展，互联网进入千家万户，电子商务也在信息技术的发展过程中不断更新着人们的认知，网络学校就是电子商务发展的产物。网络学校在现代教育中是一种新兴的教育方式，能够使教师与学生进行远程的教学与学习。网络学校以计算机通信技术与网络技术为技术基础，产生了一些较为先进的现代化教学手段，即使用多媒体进行双向交互式教学，这种教学方式能够在网络上实时为学生传递声音、图像、电子课件与教师板书，师生能够通过网络进行与网络教学相同的双向视听问答，实现教育传送过程。网上远程教育作为一种新型的教育方式，具有成本低、效果显著、覆盖面广等特征。

4. 改变娱乐、休闲方式

借用于互联网，人们可以方便地购买到电影和电视节目、演奏及演唱曲目，还可以在网络上进行种类繁多的智力开发游戏。在网络上还可以做现实生活中无法做的事情，如喂养喜欢的宠物，种花植树，体会农夫辛勤地播种、耕耘获得的丰收喜悦。当然这一切是虚拟的，是网络提供给人们的新休闲方式。可以预见，网上娱乐、休闲对人们的吸引力会越来越大，因此提供这种新的娱乐、休闲方式是电子商务新兴的行业。

第二章　农村电子商务的基本理论概述

农村电子商务的发展是助力乡村振兴的重要途径，为乡村振兴、城乡一体化的全面发展创造了有利的条件。本章对农村电子商务进行了概括性介绍，包括农村电子商务概述、发展趋势、发展模式及相关作用。

第一节　农村电子商务概述

一、农村电子商务的定义

农村电子商务就是我们通常所说的“农村电商”，这种商品交易模式是从事农业生产的主体使用互联网与计算机等现代信息技术，在网上为消费者提供产品或服务，使消费者在互联网上进行商品的购买与电子支付等商品交易过程。这种新型的电子商务模式对我国农业的发展具有非常积极的促进作用，具体表现在能够提升农产品的销售量，增强农产品的品牌效应与市场竞争力，在农村推行这种新型的电子商务模式有利于我国尽快落实新农村建设。

很多人一提起电商，就认为这是一种在网上购物的交易模式，在实际的电商活动中，并不仅限于网上购物。现阶段的电商就是为了优化传统的商务活动，在旧有的商务活动中加入现代化的数字信息技术，使商务活动在现代社会中重新焕发生机。笔者认为，农村电商是指农产品企业或农户通过网络平台建立“三农”信息服务站，为消费者提供农村信息服务，将农村电商这种实体终端落地农村，在农村落实“三农”服务，使农民成为农村电子商务平台的获利者。

因此，我们可以看出，有些人将农村电商作为向农村销售货物的平台的认识是错误的。互联网是电商发展的基础，同理，农村电商也要在互联网平台中发展，在“互联网＋”背景下，只有农产品企业建立起属于自己的“互联网＋思维”，才能够使农村的经济贸易焕发生机与活力，不断推动新农村建设，加快信息化进程，使“三农”建设的发展更加迅速。

第一，建设农村电商的目的是使农民在经济贸易中获得更加可观的收益，不是只让农民进行简单的网购，是在此基础上为农民的生活提供各项便利条件，在互联网时代，应该保证农民与城镇居民拥有同样便利的生活条件。第二，在落实农村电商时，必须要仔细考察实际地点是否具备落地的经济条件，以及是否能够促进当地工业品与农产品的双向流通，实现当地经济又好又快发展，逐步缩小城乡差距。第三，农村电商的发展应该适应社会经济的发展脚步，承担相应的社会责任，配合政府促进农村经济发展。

总之，农村电商在发展过程中并不只是拥有电脑与网线这种硬件设备就可以完成的，必须要将其融入县域经济发展的各个方面，在农村电商落地的地方建立起良性的循环生态圈，不断加强信息资源共享，提升农产品的生产效率与生产总量，只有保证农村电商完美融入县域经济发展，才能够使农村电商绿色可持续发展。

二、农村电子商务产生的背景

随着信息技术的不断推广和应用，其应用范围已经从城市扩展到了农村，传统的营销和经营方式不断被突破。在我国的农村，信息技术的发展已经拓展到电子商务等领域，在农民的发展和创业中起到了不可忽视的作用，并且这种现象在我国农村是非常普遍的。农村的电子商务将基于互联网技术的商业模式应用于农业和农村的发展实践，具有非常显著的作用。

第一，互联网为创业主体提供了创新的机会，体现了微观技术的实施水平。互联网为缺乏信息交流的村庄带来了获得利润、创造财富的机会，改善了参与者的生存环境，为村庄里的人提供了经济发展和优化文化氛围的机会，缩小了城市和农村之间在经济实力及基础设施上的差距。在农村地区使用互联网等现代信息技术，可以提高农民学习使用互联网的兴趣和知识储备，提高信息沟通的效率，缩小技术上的差距。电子商务的技术不仅提供了便捷的网络化市场环境和农产品营销服务，还将传统的农村元素与互联网资源相结合，促进了农民职业的多样化发展，对农村社区的发展和农村的现代化建设有很大的促进作用。

第二，政府推广互联网技术，可以在宏观层面上建立服务的框架。政府应确保信息和互联网在农村地区是可用并且方便使用的，但只靠政府部门的努力，会导致在监督和管理上出现许多难题，不利于正确地进行技术的推广，因此应给予地方政府更大的自主权，以便协调和独立推动互联网基础设施的发展，并整合市场资源和政府部门的力量，建立一个涉及政府、非政府组织、私营部门和社区团体的农业扶持系统。为了保证信息技术发展战略的持续发展，政府不仅要关注互联网普及率等官方要求，还要更加关注信息技术在农村的满意度是否达标，这体现着人们的接受度和信息技术在农村的建设程度，以及相关基础设施体系的完善度，使更多的农民能够使用互联网和信息技术。最近，我国农村电子商务也开始关注政府在监管该行业、改善市场运行的机制和提高使用效率方面的作用，强调政府与电商协会、各种电商平台和公民组织等利益相关者应该加强沟通和互动。

农村电子商务的发展以农民采用最新信息技术的能力为基础，通过多主体的市场环境和政府提供的服务条件，体现我国农村发展在互联网时代的变化和特点。我国农村电子商务的实施和应用，随着农民的学习和模仿及众多参与者的共同发展，推动了新的商业企业（网络企业）和产业结构的转型，使不同地区的农村电子商务呈现出多元化的发展格局，在发展模式上不断地改良和演进。

三、农村电子商务的特点

农村电子商务是以我国新农村建设为背景，依托于农村电子商务基础设施建设水平的不断提升，可以有效地整合城市与农村的产品市场。相对于传统的农产品市场，农村电子商务具有以下特点。

（一）突破交易时空限制

互联网技术的不断发展，为新农村电子商务的应用创造了非常大的空间。新农村电子商务是依托于农产品市场网络信息化的发展而发展的，电子商务作为农产品的主要营销手段，网上交易、供求信息匹配肯定会成为农产品交易的主要形式。以无时空约束的网络为依托的农产品网络营销，突破了传统交易的空间、时间、地域甚至是国籍限制，在进行市场拓展时减少了市场壁垒和市场扩展的障碍。目前，企业借助新农村电子商务可以全天候地直接向全球提供产品营销服务。农产品在电子商务平台上交易的最大特点是具有互动性，通过网络能让消费者真正参与到营销活动中。双向电子商务平台可以促进买卖双方的一对一交流，并且这种交互式的交流是以消费者为主导的，它使企业与消费者之间的沟通变得更直接、方便、迅速和有效。农产品消费者可以在网上选择所需的农产品，或者提出自己的未来需求。企业也可以根据消费者提出的需求信息，定制、改进或开发新产品来把握未来市场的走向。新农村电子商务的交易平台是一种以消费者为主导，强调个性化的营销方式。农产品电子商务的交易平台，让消费者可根据自己的个性特点和要求，在平台上选购自己所需要的产品，企业则可以从每一个消费者的消费信息中去摸索消费者的习惯，为其产品创新提供客户支持，准确把握市场走向。

（二）参与主体广泛

从前文所述的新农村电子商务的概念，我们可以认识到新农村电子商务所包含内容的广泛性。新农村电子商务参与的主体众多，除了传统的农业生产者，还包括了农资产品生产者、政府和超市等。通过参与到新农村电子商务中，这些主体都能在一定程度上获得收益。与传统的农村电子商务相比，新农村电子商务具有更加广泛的参与者。

对于农产品的经营者来说，通过新农村电子商务平台可以弄清楚消费者的个性化需求，也可以逐步地提高客户的忠实度。这里提出的消费者的个性化需求主要是指跟踪用户浏览的路径，挖掘用户行为模式，进而发掘用户的兴趣爱好，成功地引导用户进行消费。而传统的农产品电子商务网站主要是以信息发布为主，没有进一步对网站进行管理，无法有效地促使客户做出购买行为并达成交易。

对于广大的农户和客户来说，通过新农村电子商务平台可以及时有效地获取农业生产的相关信息，农户、客户可以通过电子商务的交易信息平台进行商务洽谈，平台还可以聘请农业技术专家对农民的生产进行技术指导。

与传统的农业信息网不同，新农村电子商务平台不仅可以允许买卖双方发布供应信息和求购信息，也能为买卖双方提供一个网上交易的场所；同时，可以根据用户提交的供求信息，主动为用户进行供求信息的匹配，方便买卖双方快速对接，当然，用户也可以直接去浏览查找相关信息。

（三）交易具有高效性

现如今，新型农产品交易方式的出现对传统的交易方式产生了非常大的冲击。

目前的农产品交易市场是借助新农村电子商务平台发展起来的，能够使用双向供求匹配系统实现交易双方的信息匹配，不断提升交易的效率与速度。

电子商务平台在农产品上交易的应用，使农产品信息传播的速度不断加快，也打破了农产品企业与消费者之间的壁垒，有利于降低交易成本。在传统的农产品供应链中，农产品由企业下发给批发商，再由批发商下发至零售商，导致流通到消费者手中的商品价格过高，也会使农产品自身的交易成本增加。在现如今互联网技术高度发达的背景下，消费者可以通过网上交易平台直接从农产品企业中获得商品，在很大程度上降低了企业的销售成本，消费者也能够以更加低廉的价格买到心仪的商品。现阶段，我国农产品交易过程中存在的主要问题是买方与卖方信息不互通，在这个背景下使用网络平台进行交易，能够使农产品的交易不受时间与空间的限制，容易使买卖双方达成交易意向，节约交易的时间与成本，促进交易效率的提升。这样一来，我国农业生产的优势将得到增强，我国农产品在世界经济市场上的竞争力将得到提升。

（四）经济性

新农村电子商务的交易信息平台可以缩减农产品在供应链中各环节的协调成本，在保证交易顺利进行的同时，能够使得买卖双方联系得更加紧密。平台为消费者提供了信用安全保证，避免了交易过程中错误的发生。

新农村电子商务平台可以有效地降低消费者搜索信息的成本。与传统的交易模式相比，平台可以直接给予用户、供应商相关产品的信息，有效地节省了客户的信息收集时间和成本。同时，由于新农村电子商务平台给予了供应商和消费者一个交流平台，买卖双方可以直接进行交流，从而越过了多层次的批发和零售环节，节约了交易中间成本，最终让利给消费者和供应商。相对消费者而言，扩大了客户对供应商的选择范围，大大地提高了市场交易的成功率。

新农村电子商务平台通过线下的物流集成平台，可以有效地降低农产品配送的成本，通过集成和配送路径的优化选择，越过多个批发零售环节，可以有效地进行农产品配送。通过电子商务的交易平台，买卖双方可以选择合适的交易对象进行直接交流，从而促进交易的发生。

在新农村电子商务平台上，所有供应商的信息、产品价格、供求信息和市场动态等信息都会在相应模块进行查询公布，打破了买卖双方的信息公开程度不对称的状态，使得供应商以产品质量、优质服务和产品价格来提升自身竞争力，吸引更多消费者。

四、农村电子商务的类型

农村电子商务主要包括农产品电商、农资电商、工业品下行电商、生活服务电商等四种类型。

（一）农产品电商

农产品电商的核心是在开放的网络环境下，买卖双方在线上进行农产品交易，属于一种全新的商业模式。互联网在农民和消费者之间架起了一座“桥梁”，这是农产品流通领域的重大变革，这个变革有利于把各地区的农产品推广到千家万户。目前，我国的农产品电商主要包括网上期货交易、网上期权交易、大宗农产品电子交易、农产品网络零售、农产品“新零售”、农产品网上交易会。

农产品电商扩展了农产品销售渠道，通过互联网、人工智能、大数据等技术引导和组织农产品的生产过程，这种方式可以提高我国农业的发展潜力，增加农民的收入，实现城乡均衡发展。

（二）农资电商

互联网是一种更快捷、高效的信息传递技术，打破了时间与空间的限制，起到了连接人和人、物和物、人和物的作用。当互联网与农资流通融合在一起时，全新的农资电商就出现了。农资电商可以消除农资流通过程中的多余环节，缩短交易链，降低交易成本，最终让买卖双方都能获得更多利益。

农资电商不仅要为买卖双方提供高质量的产品和贴心的服务，还要为买卖双方提供价值，始终秉承“造富于民，还富于民”的原则，这样才可以建立良好的口碑，形成传播效应，慢慢地变为一个受欢迎的品牌，最终赢得农业市场。

（三）工业品下行电商

在农村发展电商主要有两种形式：一是通过电商平台将城市中的工业品销往农村，即工业品下行电商；二是让农产品和农副产品走出农村，即农产品上行电商。目前，工业品下行电商发展得比较好。例如，广西兴业县电子商务产业园利用电商平台，通过自建或第三方物流搭建三级服务站点，在工业品下行方面取得了不错的成效。三级服务站点让工业品下行过程中的“最后一公里”问题得到有效解决，城市中的工业品可以顺利、高效地销往兴业县各个乡村。三级服务站点得到了政府的认可和支持，甚至已经成为兴业县的一个公共品牌，推动了该县农业电商的稳定发展。

（四）生活服务电商

从微观角度看，生活服务电商主要是指基于互联网为人们的生活消费提供服务的电商，可以分为到店服务（到店餐饮、酒店、影院等）与到家服务（外卖、家政等）。从宏观角度看，生活服务电商还与旅游、出行、医疗、教育、婚恋、房产、招聘等生活服务行业的互联网化息息相关。

现在人们对生活质量的要求越来越高，虚拟产品的线上交易广受欢迎，消费领域也进一步拓宽。在这种情况下，生活服务电商的潜力逐渐显现出来，可以帮助生活服务经营者更近距离地接触消费者。此外，生活服务经营者也可以借助电商平台实现业务流程改造，为消费者提供更优质、贴心的生活服务，从而提升自身的盈利能力。

五、农村电子商务的基本要素

（一）信息流

农村电子商务与传统商务最显著的区别是信息流。信息流的限制因素较多，其中自然地理条件是最大的影响因素，由于受自然地理条件的影响，农村生产呈现出规模小、较分散的特点。互联网作为农村电子商务交换信息的平台，有利于农村电子商务在发展的过程中突破时间与空间的限制，降低电子商务交易的成本。

（二）资金流

资金流在农村电子商务中占据着非常重要的位置。在现今的农村电子商务交易中，网上支付服务被越来越广泛地应用，甚至已经成为电子商务最主要的资金流来源。随着经济社会的发展，电子货币的使用越来越频繁，电子商务也越来越重视网络支付安全问题，农村电子商务的发展已经越来越离不开电子支付了。

（三）物流

物流的发展使交易双方的成本降低，减少了运营商这一环节，由卖方与买方直接进行交易，有利于全球化与个性化服务的发展。为不断提升农村电子商务的效能与效益，必须不断完善物流体系，这样才能实现电子商务在农村的又好又快发展。

（四）安全措施

网络安全措施的完备程度能够决定农村电子商务的发展速度，网络安全措施是通过技术、信用、法律与监管手段对农村电子商务实行的保护措施。政府要不断加强对农村电子商务网络安全措施的建设，帮助农村电子商务建立起良好的社会运行环境，不断完善社会信用评价体系、法律与相关制度法规，提升农村电子商务在社会中的地位。

如图 2-1-1 所示，此图是农村电子商务要素的循环系统，包括四个要素，分别是物流、信息流、资金流与安全措施，我们从下图可以看出，这四个要素存在着必然的联系，它们在闭合的循环系统中不断发挥着作用，并对其他要素产生着良性影响。其中，农产品通过物流进行流通；信息流在农村电子商务中起到了非常重要的作用；安全措施作为一种保护系统，能够保证农村电子商务安全高速发展。

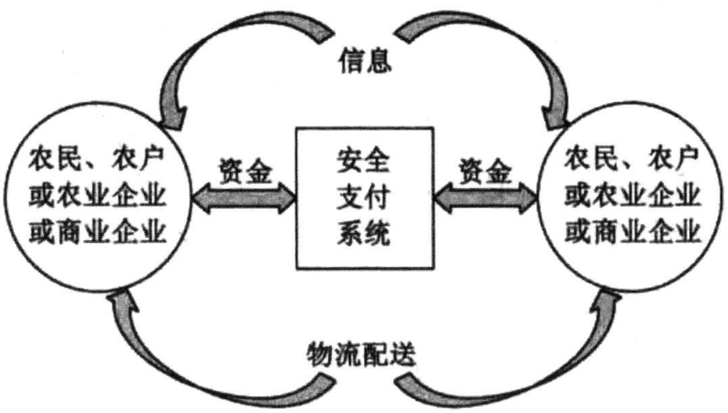

图 2-1-1　农村电子商务要素循环系统

第二节　农村电子商务的发展趋势

农村电子商务随着我国信息化与城镇化的发展不断与时俱进，与之前相比，农村电子商务的辐射范围有了非常大的变化，不断向农村经济社会深入，基于此，笔者总结出了以下四个发展趋势。

（一）从传统电商向新型电商转变

传统电商向新型电商转变证明了信息技术的发展在不断成熟，初期农村电子商务就是为了实现农产品的购销，农户及农业企业通过互联网平台发布农产品的供求信息，“农产品网站＋电话＋货运公司”是农村电子商务最初较为简易的模式，这种交易模式能够摆脱空间的约束，将农产品交易市场不断扩大。随着互联网、电商平台、网络支付与商业保险等交易环境的不断发展，即时线上交易已经成为现今农业经济组织与个人的交易模式，并在这个过程中发展出了一系列较为先进的电子商务交易模式，如 B2C、B2B、C2C 等。现阶段的农村电子商务模式产生了“本地产品＋电商平台＋网络支付＋专业物流”的形式，提升了交易双方的效率，大大节约了买方与卖方的交易成本。目前，互联网技术不断发展，在“互联网＋”背景下，一些与农业相关的旅游业衍生品，如农家乐、民宿、观光农场等也能够通过线上交易、线下现场消费体验的电子商务模式拓宽自己的市场。

（二）从单向电商向双向电商转变

社会经济的发展使得部分农村地区的仓储、交通与物流信息设施等硬件设施建设不断完善，农村电子商务由此实现了单向电商向双向电商的转变。农村电子商务以互联网平台为贸易基础，使用网络向社会公众提供商品信息服务，这种购物模式与实体店购物相比，消费者有了更多的商品选择机会，并且有些商品还会提供送货上门服务，性价比也相对较高，这就使得农村电子商务在短时间内获得了较快的发展。随着农村电子商务的不断发展，农村电子商务的配套产业也开始成熟，其中以农产品仓储物流为代表的专业物流企业开始在农村地区出现，只要农产品生产商拥有电脑、手机和网线，就可以在电子商务交易平台上开设网店，打破农业企业垄断农村电子商务的状态，使小生产量的农户也可以拥有大市场。

一些拥有较高教育水平的农民在这个过程中也能不断拓展自己的思维，将本地特产、家具甚至服装等商品都利用网上平台进行销售。农村电子商务的发展使信息流与物流开始形成不同分工的行业与地区相互联系的双向电商模式。

（三）从经济发展向改善民生转变

农村电子商务从以往的经济发展向如今的改善民生转变，经济利益的驱动导致电子商务不断向农村地区深入，农村的消费市场中开始出现生产与生活消费品的身影，农产品与乡村旅游资源也在不断向外扩张，实现营销增收。站在政府的角度来看，电子商务在农村地区实现又好又快发展，可以对社会管理进行优化，不断缩小城乡差距，是一项非常重要的民生工程。

（四）从个体电商向区域电商发展转变

农村电子商务实现了从个体电商向区域电商发展的趋势，主要体现在以下三点。第一，农民网商能够在一定程度上形成产业集聚，构成区域化的农村电商。第二，电商下乡从网络电商企业阿里巴巴、京东开始。第三，中央政府重视“三农”工作建设，为农村互联网的发展提供了契机，农村电子商务的覆盖面也在逐渐拓宽。2014 年，“信息进村入户”被提出，商务部在“互联网 +”背景下使各行各业都加速了融合，各行各业的转型升级也在不断加速。随着社会经济的发展，“互联网 +”农业模式也开始产生，农村电子商务就是“互联网 + 农业”模式中备受重视的商务模式，国家在推动经济发展方面，已经将农村电子商务的发展作为重中之重，农村电子商务在国家政策的支持下，焕发了新的生机。

第三节　农村电子商务的发展模式

随着互联网的快速发展，以及物联网、大数据、云计算等新技术的广泛应用，各类电子商务的主流模式不断涌现和创新，传统中心电商、跨境电商、社群电商在农村电商中的作用越来越广，为农产品的上行发挥了较大的作用。B2B、C2C、B2C、O2O 等传统模式不断更新迭代，农村电子商务紧跟新业态开始多样化发展，“互联网 + 旅游”“互联网 + 一二三产业融合”等连接成一个有机整体，农村电子商务整体的电商生态圈已经形成，电商服务的机构和功能日益完善。个体化的运作已经远远不能满足农村电子商务的发展，电子商务发展到新的阶段，新业态不断涌现，因此急需专业的电子商务服务，如资源整合、供应链整合、农产品信息化、仓储冷链、摄像、美工设计、运营推广、品牌建设推广、物流快递、人才培育等专业化服务。

同时，随着电商新业态的发展，跨境电商、直播电商、社群电商也快速融入农村电子商务的发展中，农村电子商务产业链也开始不断延伸，专业的产业链各节点的人才队伍和服务不断完善，并各自分工明确，从单一地利用电子商务平台销售农特产品向复合模式转变，线上线下融合的趋势正在加速，各个农村电商发展的模式也层出不穷。

一、农村淘宝模式

农村淘宝是阿里巴巴集团“千县万村”计划的战略项目，以阿里巴巴集团的C2C电子商务平台为基础，于2014年公司上市后正式启动。农村淘宝的主要内容为阿里巴巴集团在与地方政府深度合作的基础上，共同搭建县级和村级两层农村电子商务综合服务体系，一层是在县一级建立县级电子商务服务中心，另一层是在农村一级层面建立村级电子商务服务站，充分利用淘宝平台的优势，推动工业品下行和农产品上行，为农村解决物流、信息流和资金流的瓶颈，实现上行和下行双向流通。浙江省桐庐县是阿里巴巴“农村淘宝”的第一个合作试点，合作的政府方提供产地、人员、政策、宣传和资金支持，县级电子商务公共服务中心负责县级区域内农村淘宝的管理、考核和业务的扩展。阿里巴巴方面主要负责将农村淘宝电子商务模式注入农村市场，建立完整的农村淘宝电子商务生态链和服务圈，招募农村淘宝的合伙人，开展相关业务的培训，重点开拓农村市场。村级农村淘宝服务站的业务核心是为村民提供代买卖和快递的代收发服务，一方面服务村民从淘宝平台购买商品，开拓农村市场，另一方面服务村民将农特产品在淘宝平台进行网上销售，将农特产品推向城市。在实际的运作过程中，总体上，工业品下行的成效比农特产品上行的成效更大。随着农村人员素质的提升，网络购物所具备的能力要求越来越高，需要村级淘宝服务站帮助购物的需求越来越少。在农特产品上行方面，村级农村淘宝服务站无法满足农特产品上行所需的服务，村级服务站合伙人的盈利点较为单一，业务无法满足合伙人的增收需求，因此农村淘宝的商业模式、服务模式和盈利模式需要继续创新。

二、京东农村电商模式

京东农村电商模式和阿里巴巴农村淘宝模式虽然各有不同，但都围绕着工业品下行、农特产品进城上行及所需的农村金融服务三个方向开展。京东农村电商模式重点开展了“3F”战略，主要包括工业品下行进农村战略和以农特产品上行为主的生鲜电子商务战略和农村金融服务战略。京东农村电商以京东平台直营模式为主，通过建立县级农村电子商务综合服务中心的京东帮服务点，构建了一个覆盖农村金融、京东帮、特产馆、乡村推广员、县级服务中心、农资电商及网络大数据等多个板块，完整的“农村电商”体系，形成目前战略全、体系完善、覆盖广的农村电商模式。在直营的县级农村电子商务综合服务中心进行区域性的资源整合，建立完整的供应链，依靠电商强大的分销能力在农村市场搭建“新三农”的生态链，包括县级农村电子商务综合服务中心和京东帮服务店的完整配送。涵盖了工业品下行、农产品上行、农资电商和农村金融等范畴的完整电商战略服务，通过电商进入农村，占领渠道。京东的县级农村电子商务综合服务中心是京东开展农村电商最为关键的平台，这个平台承担了为农民购物下单、招募乡村推广员、培训乡村推广员和营销推广等功能，其中乡村推广员是京东在农村地区全面铺开农村电商生态经济的基础网络的关键，也是开拓农村市场的关键。京东农村电商模式中的京东帮是工业品下行的主要平台，通过加盟合作的方式，实现了农村消费市场的布点，完成了“渠道下沉”，借助自身的供应链优势、直营的物流优势，打通 4—6 级市场，占领农村消费市场。和农村淘宝电商模式一样，京东农村电商模式中工业品下行的成效大于农特产品上行的成效，作为 B2C 电子商务的自营平台，要实现农特产品的整合和采购，需要真正助力农特产品进城，为农民增收做出更多的努力。

三、淘实惠模式

淘实惠农村电商的模式是让县域成为农村电商的中心，构建本县域的电子商务平台和本地化的县域电商的生态圈和集聚区，形成本地化的县域自我循环、自我发展和自我创新的，围绕本地流通体系的电子商务生态小系统，让更多的电商数据、电商人才和产品留在县域，在县域内形成“资金流、信息流、物流、商流”的流动和转型，实现本地产品流通的信息化，并与外部建立生态连接，在此基础上构建面向全国范围的“资金流、信息流、物流、商流”流通大生态系统，实现各县域特色农产品在全国的流通。在借助淘实惠平台完成本地县域“四流”流通的基础上，向全国拓展。

四、乐村淘模式

乐村淘模式是一个线上线下双向整合的供需平台，重点建立“现金流、信息流、物流和商流”的“四流”循环系统。将工业品、资金、城市信息和服务通过“双向 O2O”平台即时输送到广大农村，同时又把农村的农业信息、农特产品等信息输送到城市，实现农村和城市的无缝对接，让“四流”在城乡之间快速流动，实现城乡之间的即时连接，让农村、农民、农产品与城市消费者直接面对面交流。通过网络化和产业化带动农业的信息化，建立“网络 + 公司 + 农户”模式，让农民成为主体和主导。通过整合农特产集中采购，完善农特产供应链，建立农特产流通仓储服务体系，减少中间环节，直接高效地将农产品交付给客户。

第四节　农村电子商务的作用

一、增加农村经济竞争力

党中央工作的重中之重是解决好“三农”问题。乡村振兴要全力解决好“三农”问题，加快推进农业农村现代化。乡村振兴不能就乡村谈乡村，不能离开城市谈振兴乡村。由于乡村资源有限，人才短缺，市场相对狭小，因此县域需加强顶层设计，谋划城乡一盘棋，促进一二三产业融合，谋划“服务业的服务业”，实现城市与乡村生产要素双向流动和消费需求双向流通，打通城市消费与乡村供给，活跃乡村经济内循环，同时利用互联网实现乡村信息与外部世界的连接，积极拓展外部市场，打通乡村供给与远端市场需求，形成乡村经济外循环。

一方面，要通过发展电子商务扩大电子商务在农村的应用范围，通过电子商务改革农村的生活方式、种植方式、生产方式和销售方式，同时鼓励更多的政策资源、行业资源和资金、电子商务平台、电子商务企业、第三方物流服务企业和电子商务专业服务机构走进农村，促进农产品上行和工业品下行同步推进。另一方面，在推进工业品下行的过程中，要增加物流、平台服务点等，扩大农村消费市场，拓展更大的消费空间。

相对工业品下行而言，农产品上行难度更大，需要进一步拓宽农产品销售市场，将农村电子商务与乡村旅游结合，线上和线下并重。农村电商要从简单网销，特别是网上零售向数字农业农村发展，必然要实现自我升级。

农村电商升级的着力方向一方面，是进一步改善农村电商发展的“硬件”和“软件”条件，在供应链、冷链、网络品牌建设、农产品的品控、农产品的溯源、交通和网络、物流等方面下功夫，以及吸引更多的电子商务服务机构和人才。另一方面是打造更好的电商业态和氛围，严格保证产品质量，做好品牌建设，坚决杜绝假冒伪劣商品，同时要积极构建县、乡、村三级电商服务点。电商平台及服务商可以利用数据优势，赋能农产品的供需双方，在产销数字化的基础上促进和实现供需的精准对接和精准交易。从众多平台的“严选”“优品”、买家画像，到对产品的标签化、细致化分类等，电商大数据正在发挥越来越大的作用。农村电子商务应当大力培养和全力引进农村电商人才，加大农村电商政策扶持力度和对电商创业的全方位支持，鼓励更多的年轻人回到农村，通过互联网创业带动农村产业的振兴，让亿万农民通过“触网”走上“双创”新舞台。

未来几年，在国家政策的扶持下，农村市场将迎来巨变的风口。农村电商可以大力地挖掘农村潜力，从而通过电子商务驱动农业全产业链数字化转型；以“互联网＋”催生乡村新业态，实现一二三产业的融合；通过创建网络品牌解决过去农业产品有标无牌的现象；通过电子商务与一二三产业的融合、网络品牌、电子商务平台和数据引领农业高质量发展；用现代商业思维、品牌营销重塑乡村传统产业；积极构建“区域公用品牌、企业品牌、村庄品牌、产品品牌、个人自品牌”等多级品牌体系。未来，农村电商线上线下融合趋势将更加明显，线下实体市场的转型的步伐会更快，因此应当推动线下实体与线上网络市场的融合发展。

新的时代需要新的理念重塑乡村产业。城乡融合谋划乡村产业，品牌引领推进质量兴农，“互联网＋”驱动一二三产业融合，物联网、大数据驱动农业供给侧结构性改革；运营前置，从市场与资源双维度做好乡村农文旅项目，实现从美丽乡村到美丽经济的转变，助力乡村振兴。

总而言之，解决我国农业“小农与大市场”的矛盾可以依靠农村电子商务的发展，电商的一个突出的优势是可以使单独工作的农户通过抱团的模式进行规模化销售。抱团的方式可以有效地降低成本，电子商务平台及平台数据分析能使产品更好地满足市场的需求，增加农村经济的竞争力。

二、助力农村现代化建设

（一）对以往的交易模式进行全面的颠覆

加入 WTO 以来，我国的农产品市场遭受着外部和内部市场的双重打击，全球化的市场已经开始出现。农业市场在国内和国际上的竞争都很激烈，这意味着农民需要充分了解农业市场的最新动态。然而，在现代市场经济中，在许多情况下，农民对农产品的信息并不完全了解，经济生活中存在着信息不对等的现象。农民在农产品销售过程中不了解市场信息，这增加了销售过程中的不便。而农村电子商务为农民提供了一个交易的平台，使他们能够根据产品的时间节点获得准确的市场信息。通过电子商务这个平台，农民可以及时获得农业信息，对市场的信息也能够进行及时的处理，对于信息不对等的现象也有一定的解决措施。农村电子商务可以帮助农民做出明智的交易决策，并为他们提供农作物的种植方案，减少和避免农业经济损失。

互联网的广泛使用，为农产品的销售提供了一个巨大的市场。农民可以通过电子商务平台把农产品卖到距离更远、规模更大的市场，农村电子商务可以扩大和强化不同地区农产品的销售规模。电子商务可以在任何时间内不停歇地提供服务，使农民有机会进入规模更大的市场，扩大消费群体。此外，电子商务是一种互动的销售方式，农民可以及时得到市场反馈的信息，以改善他们的经营和生产状况，为客户提供更加人性化的服务，从而打造坚实的客户基础。发展农村电子商务是营造社会主义新农村环境、拓展市场、参与经济全球化竞争的一个重要的途径。传统的货币和贸易模式被逐渐取代，农民可以通过电子商务方便快捷地进行信贷、交易和支付。农村电子商务使得农民和市场的隔阂被消除，使生产更加快捷、适应性更强，农民可以对消费者的偏向提前进行了解和掌握，并及时追踪消费者的去向。现阶段，中国农业发展的主要挑战是小生产与大市场之间的不平衡，而电子商务打破了时间和空间的局限，从而缩减了生产和市场之间的不匹配。

农村电子商务在降低生产成本方面发挥出巨大的作用。农民可以利用互联网比较产品的成本和价格，选择合适的交易方式；可以通过电子商务的途径获得最前沿的农产品销售和管理的相关信息；可以通过电子商务的途径进行集体采购和竞价，集体的交易更能够降低成本。此外，通过电子商务，农民还可以及时收到有关市场技术、天气、农业政策、病虫害警报的最新消息。这些信息也对降低成本有很大的作用。同时，电子商务交易双方可以进行信息分享和交流，将双方信息不对称造成的经济损失降到最低。

（二）促进农村整体发展

农药、肥料、种子和动物饲料等是农业生产和加工的主要投入方面，所投入的价格和质量对农产品的盈利能力有很大影响。农民可以利用电子商务有计划地购买这些农资产品，从而降低购置成本。通过电子商务，农民还可以深入了解农产品生产过程，同时通过电子商务平台对农业资源信息进行整合，推广当地优质农产品，促进农业生产的生产统一化。

我国分散的农业生产方式给农业技术支持和咨询带来了很大的挑战。在技术支持和服务不足的情况下进行农业生产，会消耗资源，产量也很有可能得不到提高。农村地区不同类型的生产技术的基础不一样，农民有可能无法收到自然灾害的早期预警，无法根据预警采取相应的保护措施，也无法在自然灾害发生后及时做出调整。电子商务和技术人员可以建立一个信息技术服务网络体系，有效地为农民提供技术上的指导，提高农民的技能熟练程度，更好地监督和管理农业生产过程，全面提高农业生产的科技化水平。此外，电子商务可以提高农村的经营活力，为农业的创新提供新的动力，拓宽农民对于电子商务的认识，最终缩小城乡之间对于电子商务认识的差距，为农村的现代化建设提供一定的动力。然而，农村劳动力供应不平衡，特别是最近几年，由于农产品价格不断上涨，农业生产需要更多的劳动力，虽然许多农民已经回到农村从事农业生产，但农村劳动力的供给数量仍比较小。电子商务可以及时提供农村劳动力的供求信息，从而促进农村劳动力不断流转，提高农村就业水平，改善就业率。电子商务还可以通过吸引农村劳动力从城市地区回到农村，实现促进农业生产发展的目的。

（三）保障农民的切身利益

目前，电子商务已成为国际和国内贸易的主要模式之一。随着互联网技术的推广和使用的不断普及，电子商务将继续发展，成为国内和国际贸易的重要组成部分。现代化的社会主义新农村建设与电子商务密切相关，农村电子商务的发展具有全局性和战略性等特点，能够与社会主义农村现代化的发展战略相适应。电子商务是现阶段最具有科技含量的交易手段，在促进农村经济发展方面发挥着不可或缺的作用。农民主要依靠自己的生产经验和农产品销售情况来选择生产的作物，对市场上的供求状况和产业发展趋势不够了解，农业生产存在一定的盲目性。农村电子商务可以为农民提供可靠的市场信息，通过电子商务，农民可以监控市场上农产品的供求关系、价格走势等信息，以便根据市场情况对农产品的内容、数量等做出决策。

农产品生产出来之后，如果市场信息不对称，农民就会面临损失，这很容易导致农产品的低价销售和滞销。通过电子商务，农民可以公开销售他们的农产品，使买家及时收到农产品的信息，买卖双方可以在电子商务的平台上进行价格谈判和交易。

作为农业生产主体的独立农户，如果网络知识储备不足，就无法及时收集市场的信息资源，导致售卖农产品的种类不符合市场的需求。在农村地区发展电子商务可以将农民学习网络知识的热情激发出来，把农民和市场进行有机的结合。电子商务作为网络和信息技术融合发展的结果，是一种进步的营销方法，同时也是高效的教育形式。农民可以在网上获取各种农产品和交易的相关信息，以便在学习和生产中获得更大的便利，还可以在网上购买想要获取的商品，享受电子商务的便利和益处。建设社会主义新农村是我国农村发展的重要目标，电子商务可以为社会主义新农村建设提供有力的保障，实现农村各个方面的发展，从而缩小城乡经济发展的差距。

第三章　农村电子商务的发展策略

本章主要对农村电子商务的发展策略进行了论述，主要介绍了农村电子商务涉及的四个方面的策略，即物流、营销、网站设计及安全方面，以期帮助读者更深入地了解农村电子商务。

第一节　农村电子商务的发展策略——物流策略

一、电子商务物流概述

（一）物流的概念

物流活动的出现是比较早的，可以说自从人类社会开始出现商品交换时，物流活动就出现了。可见物流的出现是商品交换的产物，物流的发展也必将随着社会生产力的发展而不断发展。在国民经济发展中，物流就相当于其动脉系统，在整个国民经济的各系统之间起到联结作用，使各部分组成一个有机的整体。无论是什么社会，组成社会经济的都是产业、部门、企业等要素，这些要素又在不同的地区分布，属于不同的所有者，尽管如此，它们之间依旧存在紧密联系，如相互供应产品给对方，以用于对方的生产性消费和人们生活性消费。除了这种相互供应的关系，它们之间还存在相互依赖，又相互竞争的复杂关系，这个复杂的关系之所以能够维系，全靠物流。

1918 年，英国的即时送货股份有限公司成立了，这个公司创办的宗旨就是用最快的速度，实现全国范围内的货物流通，将全国各地的商品及时运送至批发商或者零售商手中，甚至是消费者手中。这在物流研究界，是公认的最早有关物流活动的文献记载。1935 年，美国销售协会首次对物流做出定义，具体内容是：物流是伴随有形物质和服务从生产地流向消费地的各种活动。

美国在第二次世界大战期间首次提出了“后勤管理”一词，这是美国在对军火等物质进行战时供应时提出的，主要是指对军火的运输、补给及屯驻等进行全面的管理。从这之后，后勤逐渐成为一个单独的学科，后来又发展出了后勤工程、后勤管理和后勤分配等，其中后勤管理涉及很多管理的知识，再后来被广泛应用到商业领域中，因此又称为“商业后勤”。商业后勤的范围比较广泛，包括所有与商业领域相关的业务活动，如原材料的流通、产品的分配和运输、原材料或商品的购买与库存控制，以及用户服务等。此外，商业后勤的领域还囊括了原材料物流、生产物流及销售物流。

1986 年，美国实物配送协会（National Council of Physical Distribution Management，NCPDM）改名为美国物流管理协会（Council of Logistics Management，CLM）将实物配送改为物流管理，理由是实物配送的领域较狭窄，物流管理的概念则较宽广、连贯和整体。改名后的美国物流管理协会对物流管理所做的定义是为了满足客户的需求，将原材料、半成品、成品及其相关信息从产业地点到消费地点进行流转和存储，以高效和最大限度地对费用的相对效果进行计划、实施和控制。

我国于 1979 年开始使用“物流”一词。1979 年 6 月，我国物资工作者代表团赴日本参加第三届国际物流大会，会议结束后，我国代表团回国后引用并使用了“物流”一词。1989 年 4 月，在北京召开了第八届国际物流大会，“物流”一词的使用越来越广泛。我国国家标准《物流术语》（GD/TY18354—2006）对物流的定义是货物从发货点到收货点的物理流动过程，主要是根据实际的需要，集物品的运输、储存、装卸、搬运、包装、流通加工、配送、信息处理等于一体。

（二）电子商务与物流的关系

随着科学技术的飞速发展，互联网在世界范围内普及，电子商务已经成为依托互联网的最大应用领域。目前，电子商务在世界上已经成为十分重要的行业，全世界都给予了重视和支持，在这样的背景下电子商务得到了快速的发展。与此同时，让电子商务更加快速、高效，已经成为业界研究的主要内容。随着电子商务不断的发展，物流逐渐成为实践中比较重要的因素，人们对物流的关注度越来越高。物流与电子商务之间的关系，主要表现在以下几个方面。

1. 物流是电子商务的重要组成部分

实际上，在电子商务刚开始发展的时候，人们还没有认识到电子商务的本质到底是什么，更没有进行比较深入的研究，在认识电子商务的时候，没有看到物流在电子商务中的重要性，人们只是认为在电子商务中，信息流和资金流的网络化和电子化是比较重要的，应该引起大家的重视。之所以会出现这种情况，主要是因为在人们的意识中，网络上的商品在售卖之后，要想将商品送至消费者手中，并不是非物流不可，利用传统的销售渠道也是可以实现的，由于受到这种思想的影响，人们对物流的研究也就没有那么重视了。事实上，电子商务随着社会经济的发展得到了进一步的推广，逐渐渗透到人们的日常生活中，涉及各个方面，物流的重要性也进一步凸显。在电子商务中，网上的所有交易，商品或者服务的流通都离不开信息流、商流、资金流和物流。其中，物流是整个交易过程中的最后一个流程，发挥着重要的作用，关系着整个交易过程能够完美收官。就目前而言，随着人们生活水平的提高，电子商务空前兴盛，人们进行网络交易之后，在没有收到商品之前，虽然对电子商务中售卖的商品的质量还无法进行鉴别，但是会时刻关注商品的运输情况，也会比较关注物流的速度和安全，并且这已经成为人们越来越重视的方面，由此也可以发现在电子商务中，现代化的物流过程已经变得越来越重要了。

纵观国外众多有关电子商务定义的描述，我们经常看到的字眼就是信息流和资金流的电子化，在众多的概念描述中，很少看到有关物流的界定。要想了解造成这种情况的原因，首先我们要知道电子商务的概念，在美国首次提出电子商务概念的时候，他们的物流已经有了近 80 年的发展历史，已经发展得比较成熟，因此他们在对电子商务下定义的时候，并没有着重强调物流的重要性。我国物流的发展相对国外的物流发展是比较晚的，因此物流的现代化水平也没有那么高。我国的实际国情决定了我国在发展电子商务的时候要对物流加以关注和重视，因为没有现代化的物流，我国的电子商务将举步维艰。也正是因为如此，我国的研究者在对电子商务下定义的时候，添加了有关物流的概念，因此我国学者认为从电子商务的概念来看，不仅包括信息流、资金流，还包括物流，电子商务涉及的电子化工具不仅包括电子计算机及网络技术，还应该将叉车、自动导向车等自动化工具包含在内。

综合上述内容，物流的电子化在根本上是属于电子商务的一部分，并且是基本的组成部分。有了物流的过程，电子商务的过程才算是完整的。

2. 电子商务概念模型中物流的基本地位

当我们对电子商务的概念有了很好的认识后，我们就可以对电子商务的整个活动过程进行抽象的描述，从而就会得到电子商务的概念模型。在这个模型中，可以发现电子商务实际上包括电子商务中的实体、电子市场、交易事务，以及电子商务概念中涉及的信息流、资金流、物流等要素。这些基本的要素共同组成了电子商务的概念模型。以下是对电子商务概念模型中包含的要素进行说明。

第一，从电子商务概念模型的组成来看，第一项是电子商务实体。组成电子商务实体的是所有能够从事电子商务的客观对象，主要包括企业、商店、银行，甚至政府机构，个人也可以作为电子商务实体。第二，电子商务中的电子市场从字面上看是一种商品交易场所，实际上也正是如此，只不过这个市场并不是现实中实体的传统市场，是人们在网上进行商品交换的场所，与现实的市场不同的是电子市场不是实体的场所，而是主要利用各种通信装置通过网络将电子交易的参与者联系在一起。第三，交易事务是电子商务中的另一个比较重要的要素。我们都知道，无论在实体的交易中还是在网络的交易中，对商品的询价、报价等都是无法避免的，这些过程包含在交易事务中。除此之外，电子商务中的交易事务还包括交易过程中的转账支付及广告宣传等商务活动。

在每一次的交易中，都会涉及信息流、资金流、商流和物流等几个部分。具体来说，信息流就是商品流通时的一些信息，如商品的促销、售后等信息，除此之外还包括卖家发放的报价单、买家的付款通知等贸易中所涉及的一些凭证。资金流是有关资金转移过程的信息，如付款、转账等。商流指的是商品在交易的时候所涉及的一系列活动，如商品在买卖过程中所有权转变的过程。物流是指在电子商务交易过程中，商品的实际流动过程，包含商品的装卸、保管、运输、配送、物流信息管理等。

在电子商务中，由于产品的形式不同，配送分为两种方式，交易的少数商品即无形商品（主要是数字化产品）和服务，如各种有价信息软件、数据、游戏和电子图书、电子报刊和新闻、电子研究报告和信息咨询服务等可以直接通过网络传输的方式进行配送；对于大多数有形的商品和服务来说，物流仍然要由物理的方式（借助于运输工具）进行传输。电子商务环境下的物流，通过机械化和自动化工具的应用和准确、及时的物流信息对物流过程的监控，将使物流的速度加快、准确率提高，能有效地减少库存，缩短生产周期。

在电子商务的概念模型中，强调信息流、商流、资金流和物流的整合，其中信息流作为一个纽带，在电子商务交易的整个过程中起着串联和监控的作用。

（三）电子商务物流的概念

目前，电子信息技术已经广泛覆盖各个行业，特别是现代物流行业，如今已经形成了比较成熟的电子商务物流，并且物流的效率更高，过程也更加完善。要想对电子商务物流概念有深入的了解，首先要了解物流的发展阶段。物流主要可以分为以下三个发展阶段。

1. 第一阶段：以物易物

“以物易物”是物流发展的起源，在当时由于没有货币也就无从谈起资金流了，人们通过物品与物品交换的方式满足自己的需求。这种形式的交换，实际上是将商流和物流结合在一起，两者合二为一，同时发生，在这个时候可以说物流决定着商品的所有权。后来随着货币的诞生，在商品交换中其中介地位也随着经济发展不断增强，此时的物流仍然决定着商品的所有权。再到后来，社会生产力不断发展，更细化的社会分工出现，在这样的背景下出现了信息流，并且随着经济的发展，信息流发挥着越来越重要的作用。

2. 第二阶段：“物”“资”分离

随着社会分工的逐步完善和商业信贷的发展，电子商务的经营范围开始扩大，随着人们需求的逐渐复杂化，出现了银行等金融中介机构，这是专门为了服务于货币的第二层中介组织，主要的业务范围就是货币买卖和货币中介服务，主要是为实现业务交易的灵活性和低成本交易的可能性，从事外汇经纪服务和外汇交易。这样，物流和资金流开始相互分离，各种交易方式应运而生，如交易前支付、货到付款等，交易前进行货款支付的方式是依托支票、汇票等，交易后也是收到货物后再付款，主要包括分期付款、延期付款等。既然是商品交易，那么不得不提到交易过程涉及的有关商品和资金安全的问题，为了解决这个问题，信息流的作用就显得愈加重要了，信息流中包括商品的质量信息、价格信息，买家的支付能力信息和支付信誉信息，这些都是维护交易过程安全需要考虑的问题。在这一阶段信息流的重要性更加凸显，商流和资金流开始分离，也就是“物”“资”开始分离。

3. 第三阶段：物流现代化

电子商务物流发展的第三阶段指物流的现代化。随着科技的发展，网络技术和电子技术也发生了巨大的变化，并且不断深入人们生活的各个领域，在人们的生产生活中，商品的生产、交换、消费等都开始应用电子信息技术，至此人们开始进入电子商务时代。商品交易虽然已经进入了一个新的时代，但是交易的流程是没有变的，一件商品的交易阶段包括交易前、交易期间和交易后。进入电子商务时代后，主要的变化首先是交易中连接交易双方的工具和交易双方的交流方式发生了变化。例如，之前人们进行交易的时候，一般采用纸质的单据作为凭证，在进入电子商务时代后，人们交易中用的最多的是电子凭证。同时，这也是信息流电子化和数字化的表现。在这个过程中，信息流的作用一再被凸显。在整个商品交易的过程中，我们可以看到信息流始终贯穿这一过程。在商品的流通过程中，信息流处于一个宏观控制的地位，对商品的所有流程进行记录。记录的这些信息将为物流分析、资金流导向分析，甚至为经营决策提供依据。在电子商务时代，电子工具和网络通信技术的应用，使交易各方的时空距离几乎为零，有力地促进了信息流、商流、资金流、物流这“四流”的有机结合。对于某些可以通过网络传输的商品和服务，甚至可以做到“四流”的同步处理，如通过上网浏览、查询、挑选、点击，用户可以完成对某一电子软件的整个购物过程。自此，电子商务物流基本形成，也进入了物流现代化的高速变革和发展阶段。

经过三个阶段的发展，从早期传统物流到现代高科技技术运用和管理下的电子商务物流，物流的概念也在不断进化之中，且从未停止过前进的步伐。以发展的角度为电子商务物流做以下定义：电子商务物流是以电子信息技术为基础进行运作和管理的现代物流模式，具体来说，也可以是电子商务化的物流，即在电子商务经济环境下，将除实体物流之外的其他物流通过信息化的手段和模式进行传输和处理，以实现用最低的成本提供最高性价比的优质服务，从而达到提升企业核心竞争力的目的。

（四）电子商务物流的作用与特点

1．电子商务物流的作用

（1）物流是生产过程的保障

从整个商品流通的过程来说，最开始的部分是商品的生产，这一点无论是在传统的贸易中，还是在现代化电子商务贸易中，都是不可否认的。一件商品要想最终流通到消费者手中实现其价值，首先要对这个商品进行生产，只有生产出来，才能谈其价值的实现。在商品生产的过程中，实际上也是需要给予一定程度的物流支持的，具体来讲就是整个生产过程的每个环节都无法脱离物流，也可以说商品生产的过程也是一系列的物流活动。具体分析如下。

①想要生产一件产品，首先要有原材料，原材料的运输需要生产物流的支持，只有这样才能保证生产的顺利开始。

②在产品的生产过程中，会涉及半成品的物流，这将会贯穿在产品生产的各个工艺环节，物流的支持能够保证生产的流动性。

③当产品生产出来之后，需要进入流通领域，这个阶段商品的销售需要销售物流的支持，从而使商品实现其价值。

④商品在生产的过程中，还会涉及一些废料的回收，对这些废料和余料进行回收再利用离不开回收物流的支持。

⑤商品生产的过程中，难免会产生一些废弃物，在处理这些废弃物的时候需要废弃物物流来完成。

在商品生产的过程中，现代化的物流活动可以降低生产成本、优化库存结构、减少资金占压和缩短生产周期，最终保障生产的高效进行。相反，如果没有现代物流的支持，商品的生产将难以顺利进行，电子商务交易模式的优势将不复存在。

（2）物流服务于商流

商流主要是指商品所有权的转移过程，也就是说将商品的所有权从卖方的手中转移到买方的手中就是商流活动的最终结果。实际上，在电子商务活动中，买卖双方在签订了交易合同之后，所有权虽然发生了转化，但是商品实体可能并没有立刻发生移动，这就需要物流来实现商品的转移。在电子商务活动中，通过网络的交流和一系列交易之后，虽然商品的所有权已经完成转移，但是要想实现商品从卖方到买方的转移，就需要物流来帮助实现。也只有当买方收到商品的那一刻，整个交易活动才真正完结。可见，物流在电子商务活动中起着至关重要的作用，毫不夸张地说，没有物流就没有完整的电子商务活动。

（3）物流是实现“以客户为中心”的根本保证

随着电子商务的出现，人们的生活更加方便和快捷。以前，消费者想要购买商品，只能选择在空闲时间亲自到商业街选购，有的时候可能花费一天的时间都没有选择到合自己心意的商品，电子商务的出现，则彻底改变了这样的情况。消费者想要购买某个商品，只需一部可以连接网络的设备，在连接网络之后就可在家进行商品的选购和交易。由于互联网的便捷性，人们在选择商品的时候，按照分类进行搜索、查看，会大大缩减自己选择商品的时间，甚至以前用一天的时间都没买到自己喜欢的商品，通过电子商务只需几十分钟就能实现。当然，消费者利用电子商务购物，在速度方面确实有了翻天覆地的变化，但是如果消费者已经选好自己喜欢的商品，并且已经完成了支付环节，在等待商品运输的过程中，物流却迟迟不能将商品交到消费者手中，那么就会影响消费者的购物体验。因此，现代化的物流是电子商务为人们生活带来便利的重要支持，也是实现“以客户为中心”的根本保证。

综合上述有关电子商务中物流重要性的论述，我们可以发现在网络时代，电子商务是一种崭新的商品交易方式，比起传统的交易环境是一种变革。没有物流，电子商务为人们带来的各种便利将不复存在。因此，只有发展现代化的物流，做好电子商务得以正常运行的保障，才能促进电子商务的健康发展。

2．电子商务物流的特点

电子商务时代的到来，还打破了地域限制，在传统的贸易环境下人们大多在当地进行贸易活动，如果想要实现跨区域的交易，则需要一方到另一方的地区进行交易，这样就会增加不必要的成本。在电子商务的环境中，买卖双方不用离开自己的区域就能实现跨区域的交易，对于消费者来说，自己不用出门就可从全国各地选购商品，在这其中物流起着关键的作用。在实际的物流作业中，物流已经不再是传统的运作模式，它集电子信息技术和最新供应链于一体，具有很多新的特点，具体介绍如下。

（1）信息化

现代化物流最显著的特点之一是信息化。物流的信息化特点也是电子商务的必然要求。物流信息化表现为物流信息的商品化、物流信息收集的数据库化和代码化、物流信息处理的电子化和计算机化、物流信息传递的标准化和实时化、物流信息存储的数字化等。因此，条码技术、数据库技术、电子订货系统、电子数据交换、快速反应及有效的客户反映、企业资源计划等技术与观念在我国的物流中将会得到普遍的应用。总而言之，信息化是一切技术设备得以在物流领域应用的基础，正是因为信息化的特点使得物流中能够应用信息技术和计算机技术，其必将引起世界物流的改变。

（2）自动化

对于物流自动化来说，信息化是其基础，没有信息化就无法实现物流的自动化。自动化之所以能够实现，核心是机电一体化。从外在表现来看，自动化表现为无人化，特点是省时、省力、省人工，能够大大提高物流作业的能力，使劳动生产率得到提高。另外，物流自动化还能减少一些物流作业中经常出现的人为差错。从物流自动化系统来看，整个系统包括很多自动化的设施，如自动识别系统，主要是针对条码／语音／射频的识别；除此之外，还包括自动分拣系统、自动导向车、自动存取系统、货物自动跟踪系统等。这些系统虽然在国外的物流系统中已经得到了广泛应用，但是由于我国的物流行业起步比较晚，因此我国的物流自动化发展任务是比较重的，还需要一定的时间。

（3）网络化

电子商务物流的网络化是建立在信息化的基础上的。我们这里说的电子商务物流的网络化其实是从两个方面分析的。一方面，在物流配送系统中对计算机通信网络的应用，主要表现在物流的配送中无论是供应商还是制造商，又或者是物流配送中心，都会应用计算机网络。不仅如此，供应商与顾客之间的沟通也无法脱离计算机网络。在整个交易过程中，顾客与商家交易完成后，物流配送中心根据计算机网络自动收集顾客留的收货信息，从而进行下一步的运输工作。另一方面，电子商务物流网络的特点还表现在组织的网络化上，也就是人们常说的企业内部网。举个例子来说，20 世纪 90 年代，出现了一种“全球运筹式产销模式”，这种模式主要是根据客户的要求生产，在生产的过程中采取分散形式。具体来讲，就是利用全世界的电脑资源，将组成一台电脑的零部件外包给世界各地的制造商，再通过全球的物流网络将这些制造好的零件聚集在一起由物流配送中心组装后再配送给用户。在这个过程中，不可缺少的就是高效的物流网络支持。

物流网络化的基础是物流的信息化，物流信息化的必然结果就是物流的网络化，这是电子商务物流的一个主要特征。在当前的时代下，世界互联网等全球网络资源的可用性不断提高，网络技术在世界范围内的普及力度不断加大，这为物流的网络化提供了良好的发展环境，物流网络的发展趋势已成为必然，并且势不可当。

（4）智能化

电子商务物流的智能化与自动化和信息化相比，是一个更高层次的应用。在实际的物流作业中，是一个庞大且复杂的过程，其中涉及大量的运算和决策需要智能化系统来解决。例如，物流会涉及库存问题，当需要对库存水平进行确定的时候，就需要借助智能化系统来进行。另外，运输搬运路径的选择及自动导向车的运行轨迹是物流中的难点问题，需要通过智能化系统才能更好、更高效地解决。因此，在物流自动化的发展中，物流的智能化是一个重要的问题，也是一个技术难题，并且这个技术难题是不可避免的。物流智能化是电子商务物流发展的一个新的趋势。

（5）规模化

随着电子商务的发展，人们生活水平的提高，越来越多的人开始网上购物，因为对于电子商务物流来说，小批量、多品种已经成为物流的重要特征。又因为消费者在购买商品后，想要快速拿到自己心仪的货物，因此快速性也成为电子商务物流的又一大显著特点。这些特点使得商品的配送难度加大，因此要想获得经济效益，在没有达到一定规模的情况下，是不容易实现的。这就促成了企业的兼并与联合生产，以实现规模的扩大，获取更多的经济效益。

（6）一体化

物流系统是一个相当复杂的系统，随着社会的发展，人们对服务行业的服务水平要求越来越高，物流行业实际上也属于服务行业，因此服务水平决定了其自身的竞争力。随着电子商务的发展，越来越多的人选择在网上购物，这样庞大的商品运输需求，催生了众多第三方物流。这些第三方物流也正在为电子商务的发展起着巨大的推动作用。

随着众多第三方物流的兴起，服务水平在物流竞争中的作用越来越重要，因此在第三方物流业中，始终遵循的理念是提供一体式物流服务。一体式物流服务指的就是为客户提供从物流业务规划到运行管理整个过程的服务，在成本控制的范围内让客户享受到更加高效的物流服务。

二、农产品电子商务物流发展现状与特点

由于互联网和电子商务的快速发展，国内涌现出一批具有代表性的农产品电子商务网站，深刻地影响着农产品的销售情况。相对于传统的生活用品，农产品电子商务物流的产品保存、保鲜和物流辐射范围显得尤为重要。农产品在收购、运输、销售过程中的损耗都提高了农产品的成本。很多农产品由于运输条件有限，冷藏能力不足，很难实现与远距离省市市场的对接。

我国电子商务开始涉及农产品以来，越来越多的电子商务网站涉足这个领域，其中涉农产品网站超过 3 万个，专业性的农产品网站达到 3 000 家，总的来说，数量上能够满足国内市场的需要。但从行业视角来看，主要存在两个问题：客户体验有待进一步提升和物流成本居高不下。

农产品电子商务是以农产品为主，以电子商务平台为销售窗口，将农户与消费者直接对接。农产品电子商务区别于其他电子商务的特点有：①物流成本高。由于许多农产品需要保鲜、冷藏，这在无形之中提高了农产品的运营成本。②损耗高，本地化严重。消费者受传统消费观念的影响，对于本地农产品依赖程度较高，使得电子商务平台需要在各地建立物流节点设施，既提高了运营成本，长途运输又使得农产品的损耗提高。

面对高昂的物流成本和较差的客户体验，如何构建农产品物流体系是发展农村电子商务的关键所在。根据其他行业的发展经验和农村电商自身的特点，以行业为引导，基于物联网构建农产品物流体系及推动农产品电子商务标准化，是促进我国农产品电子商务物流发展的较好途径，也是改善我国农村电商物流环境的重要举措。

三、物联网下农产品物流体系构建

就目前来看，我国仍旧使用传统物流形式的行业还有很多，农业便是其中之一。目前，我国的农产品种植虽然有部分是产地集中种植，但是大部分还是以分

散种植为主，对这些分散的种植户的农产品进行收购后，再经过多层批发市场转运至商户手中，由于我国人口众多，农产品市场庞大，因此普遍的小生产与庞大的市场之间必然存在矛盾，导致我国农产品的销售信息无法得到良好的流通。面对这样的情况，农产品的物流体系迫切需要建立一个信息共享平台，物联网的出现，正是给农产品物流体系的构建提供了条件。农产品在每一个运输环节都可以将物流信息同步到物流信息平台，每个物流主体都可以通过这个平台获取农产品的物流信息。下文就农产品物流体系的构建原则、构建目标及组织构建三个方面进行了阐述。

（一）构建原则

1．整体性原则

农产品物流体系实际上由众多要素组成，这些要素之间相互作用、相互联系，从而构成一个具备明显系统性特点的有机整体。在构建农产品物流体系时需要坚持整体性原则，主要是要求我们站在整体性的角度对农产品物流体系进行统一的规划，有了整体的规划之后再按照步骤实施。在市场的调节下，整合农产品的物流与相关产业，使它们形成一个整体。

在整个庞大的农业系统中，虽然农产品只是其中的一个子部分，但是仍然占据关键的地位，因为农产品不仅是有关民生的重要基础，并且其物流系统还涉及生产与消费。除此之外，在整个市场中，农产品不仅与农业有密切关系，还与农业系统之外的很多行业之间联系紧密，如运输系统、加工和包装及仓储等，因此农产品物流体系要在整体性原则的指导下进行建设，只有在产业协调下，农产品物流才能取得更好的发展。

2．标准化原则

农业系统是一个庞大复杂的系统，其中农产品这个子系统同样也是比较复杂的，它与农业系统之外的很多行业都存在紧密的联系，因此可以说农产品的物流体系事关多个行业，环节复杂繁多，在这样的情况下，农产品物流体系要坚持标准化原则，才能使得农产品物流体系这个复杂的系统有序进行。另外，标准化原则还能帮助整合社会上的闲散资源，简化环节，提高效率，同时也能提高农产品的质量。

3. 遵循市场导向

农产品物流发展同其他行业一样，实现经济利益是最终目的。为了实现这个最终目标，农产品物流将实现整体经济效益的增长作为根本原则。因此，在市场经济中，农产品要想实现这个目的就要满足消费者的需求，以市场为导向，开展农产品商品化服务。

（二）构建目标

就目前而言，我国的农产品物流体系处于一个新旧交替的阶段，大部分情况下采用的是旧体系，因此虽然旧体系技术落后，但是在目前仍占据重要的地位，新的体系目前仍处于建设时期，距离完全构建完成还有一段时间。在这期间，我们需要将当前新的技术融合到农产品物流体系的构建中。当前，随着物联网技术的发展，物联网有关的技术已趋向成熟，在构建农产品物流体系的时候，要积极利用这些新技术，才能使农产品物流体系适应未来社会的发展需要。例如，目前我国农产品涉及的食品安全溯源系统、配送一体化系统、自动化识别等，就需要应用到物联网的相关技术。

综合上述情况，我国农产品物流体系的构建需要物联网技术的帮助来实现，现实情况是物联网技术在我国农产品物流中的应用范围还不够广泛。所以在现阶段，我们要大力推广物联网技术，以加快我国农产品物流体系的现代化建设。

（三）组织构建

1. 农产品加工环节的流程设计

在从农户手中收购农产品以后，经过简单的预处理，就会将农产品转送至加工企业，进行加工生产。当加工企业接收到来自产地的农产品之后，首先会对产品的属性进行了解。一般在对农产品进行预处理的时候，就会将产品的属性等信息标记在标签上跟随农产品一同运至加工企业，这个时候加工企业就能够通过射频识别装置等一些读取装置，对农产品的属性标签进行识别，从而获得产品的属性特点，核对无误之后，就会开始对农产品进行加工处理。在加工的过程中，加工企业也会利用传感器装置、视频采集装置等进行记录，并把记录的农产品属性信息输入射频识别标签中。

通常情况下，农产品加工环节的流程首先是农产品信息核对，在保证农产品信息正确性的前提下进行加工。在加工的过程中，要在合适的位置放置射频识别装置、无线传感器装置等，对整个加工过程进行记录。加工完毕后，在填写农产品射频识别标签的时候，需要将加工时的温度、湿度、环境等信息填写进去。

2. 农产品运输环节的流程设计

在农产品由产地直到消费者手中的整个过程，运输环节贯穿其中，占据着十分重要的地位。在运输的过程中，最容易发生农产品损坏的情况。例如，当运输水果的时候，中间会经历装卸和运输环节。在搬运的过程中，可能会出现损坏农产品的情况；运输中还会受到众多因素的影响，如交通因素、天气因素、人为因素等，会出现水果腐烂等问题。无论哪种情况下的损坏，最终都会造成严重的经济损失。面对这样的情况，就需要利用物联网技术来减小这种损失。具体来讲，就是在运输车上安装 GPS 定位系统及射频识别装置，使得司机的位置信息等由监控中心统一控制，及时发现运输过程中司机遇到的情况，也可以通过射频装置，对车厢中的情况进行监控。无论是运输车辆遇到意外情况，还是车厢内农产品发生意外情况，控制中心都能够第一时间发现，并做出及时的反应，从而避免出现运输中农产品的货损问题。

3. 农产品仓储环节的流程设计

在农产品仓储环节，首先是农产品的入库问题。在入库前，利用射频装置进行标签识别，并根据仓储管理系统的相关信息进行核对，核对无误之后再根据仓库的空间情况进行合理的布局，将货物放置在合适的地方。仓库中由于货物众多，情况多变，因此在仓库中要合理放置视频采集装置、射频识别装置及传感器装置等，对货物进行实时监控。这些装置会在货物入库的时候对货物的射频识别标签进行信息识别，并上传到仓储管理系统；在出库的时候，通过仓储管理系统对货物的识别，确定货物所在区域，然后由仓储管理人员根据订单，进入仓库进行货物的出库操作。另外，安装在仓库的感应装置，能够实时报告仓库中的温度和湿度，仓库管理人员可以通过温湿度监测结果进行相应的调节。

4. 农产品销售环节的操作流程

在农产品的销售环节中，订单也许来自农贸市场，也许来自超市，甚至来自电商平台，因此配送中心要根据订单的详情进行配送。在进入农贸市场和超市后要仔细核对订单，将货物正确地放置在摊位或者货架上，利用传感器装置、视频采集装置对销售场所的温湿度情况、销售环境进行记录并录入射频识别标签中，在将产品销售给消费者的时候，利用射频识别装置、视频采集装置记录产品属性信息，传输到商超管理系统对产品做出库处理。

当消费者进入农贸市场或者超市中，进行农产品选购的时候，能够利用手机扫描农产品标签获取农产品的属性信息，同时也可以对产品进行反馈。管理人员也能够及时监控农产品的保质期，当出现过期的农产品的时候，系统会自动提示，以便于管理人员及时下架过期产品，从而减少食品安全事件。通过射频识别标签的信息，监督部门还可以对未出售的产品进行检查，从而将未出售的问题产品进行及时处理。

第二节　农村电子商务的发展策略——营销策略

一、网络营销的含义和优势

网络营销是进入 20 世纪 90 年代以后才开始形成的一种新的营销方式。随着中国加入世界贸易组织，全球经济一体化趋势日益显著，网络化、信息化进程加快，企业的网络营销也随之日益成熟。无数传统企业结合自己的营销实践，大规模地进入网络营销领域。

（一）网络营销的含义

网络营销也称为“互联网营销、网上营销”。国内外对网络营销的含义有不同的认识：有人认为，网络营销是利用互联网技术最大限度地满足客户需求，开拓市场、增加盈利的经营过程；有人认为，网络营销是依据网络的数字化、连通性实现营销目标的一种营销方式；有人认为，网络营销是数据库营销技术与直接市场营销方式的整合；有人认为，网络营销是企业整体营销战略的一个组成部分，是为实现企业总体经营目标所进行的，以互联网为基本手段营造网上经营环境的各种活动；有人认为，网络营销是运用新方法和新理念来实施营销活动的。以上对网络营销的认识有的从技术的角度进行挖掘，有的从管理理论的角度进行概述，无论从哪个角度都强调了互联网在网络营销中不可或缺的作用。因此，网络营销就是用互联网充分地满足顾客需求的过程。正如营销不同于销售一样，网络营销也不同于网上销售，因为企业的目标市场可以划分为传统有形市场和网络虚拟市场两块阵地，企业的营销手段也可以分为传统的营销手段和基于互联网的营销手段，我们可以根据由此产生的四种不同组合将网络营销的范围表示出来，见表3−2−1。

表 3-2-1 网络营销的范围

营销方式	传统有形市场	网络虚拟市场
网下	（区域Ⅰ） 传统市场营销	（区域Ⅱ） 部分网络营销
网上	（区域Ⅲ） 部分网络营销	（区域Ⅳ） 纯网络营销

（二）网络营销的优势

1．网络营销具有全球性，可以使企业营销活动拓展到最大市场范围

迄今为止，全球互联网用户已达49.5亿人，中国互联网用户已超过10亿人，因此利用互联网进行营销活动具有广泛的用户基础。接入互联网就意味着进入了这个巨大的全球市场，互联网成为商家进行市场扩张的最佳工具。当然，企业必须考虑这种营销环境的变化，开发这种新型营销方式的巨大潜力，确定合理的营销战略。网络营销的全球性为国际贸易提供了方便，帮助世界范围内的进出口商建立直接联系。出口商可以在网上发布商品信息，图文并茂地展示商品；进口商需要哪些商品，可通过网络及时联系出口商，以期达成交易。

2．网络营销的定制化有助于实现以消费者为中心的营销理念

企业提供的各种销售信息虽然可以在服务器中集中存储，但它们仍然能独立运行、存入或输出。企业应以消费者为中心处理商品信息，有针对性地推销自己的产品，消除传统促销方式存在的缺陷。企业也应在网上推出各类商品的目录让消费者进行比较挑选，从而迅速、经济地达到采购目标。

3．网络营销的互联性可加强企业间的协作关系

各企业可利用内联网与外联网技术，在内部信息安全的基础上共享相关数据信息，协调管理项目，增加企业协同开发新产品的机会和联合提供优质服务的能力。一个产品的设计和开发制造，可以由不同的企业共同完成。这尤其适用于技

术难度高、投资多、风险大的国际合作开发项目，能大大缩短设计制造周期，节约开支，从而降低产品成本。

4. 网络营销的平等性营造了相对公平的市场竞争环境

在传统的营销活动中，由于地理环境、配备设施、店面大小、市场规模、交通状况等因素，营销效果和经营状况差别巨大。这种不平等的竞争环境会影响企业的竞争力，形成市场垄断。采用网络营销，任何厂商都可以在网上开设虚拟商店，其商品展示是全方位的，展示的机会是均等的，不受时空限制。就消费者而言，任何人都可以随心所欲地浏览网上商店的商品，"货比多家"，再决定自己的购买行为。由此可见，网络营销方式给厂商和消费者提供了平等的机会。在互联网上进行商务活动的厂商不是靠组织机构的大小参与竞争，而是靠提高服务价值、服务质量和信誉来取胜。

二、农村电子商务网络营销的障碍

（一）交易主体网络营销观念落后

计算机于 20 世纪 80 年代逐渐被运用到日常生产生活之中，由于其具有高速运算的特点，因此它在一定程度上提升了人们的工作效率，然而在那个年代计算机网络内容还是以新闻、消息为主，并未形成专业的信息交流平台。随着电子商务的快速发展，它所蕴含的营销理念与营销模式和农民传统的营销观念产生了冲突。由于大部分农民对电子商务并未形成全面的认识，甚至怀疑其真实性，因此部分农民对电子商务带有一定的抵触情绪，这在无形中限制了互联网营销模式的发展。

（二）网络营销主体缺位

想要实现农村电子商务的发展，急需解决两个问题：一是电子商务的硬件设施问题，二是电子商务的理论指导。近年来，随着我国对网络普及重视程度的提升，乡镇、农村的网络设施日益完善，从整体上看我国大部分农村地区基本上普及了网络，那些较为偏远的地区受到地形、成本等因素的影响，其网络硬件设施建设依然不够完善。

电子商务作为一门新兴的学科拥有自己独特的科学性及发展规律所以仅仅通过简单的政府宣传、下乡教育等活动很难让农户完全掌握电子商务的精髓，这就需要强化以村为单元的学习组的带头作用。除此之外，电商企业也要不断完善人机平台，在结合实际情况的前提下，简化操作、交易流程，并提升平台交易安全，从而让农民放心使用。

（三）交易主体信用程度不高

从某种意义上来讲，农村电子商务的发展对农业体系产生了较大的影响，既为其带来了机遇，同时也使其面临一定的挑战。目前，我国电子商务的模式有很多，在这些模式下，交易双方只能通过交易平台进行交流沟通，因此对电子商务平台的监管显得尤为重要。当前，我国各类电子商务平台均开设了资质认证及保障金制度，以此来保障交易双方的权益。除此之外，电子商务平台也以第三方的身份介入买卖双方的交易过程。

我国电子商务平台虽然在交易安全上做出了努力，但是目前互联网交易依然存在许多不完善的地方，如交易双方的信息安全、产品质量保障、违禁品的交易管理及货物运输中的安全问题等。想要解决这些问题，需要电子商务平台不断完善自身的机制，同时需要政府继续深入推进大数据的发展，尽快建立全民信用体制，另外还要不断完善法律制度，加强政府监管部门的作用。

（四）缺乏市场风险分担机制

农业市场风险的来源有多个方面，如市场经济的冲击、不可抗力因素等，目前农户在风险应对方面依然处于劣势地位，只能被动地接受。通常情况下，应对风险的方法主要有三种：第一，风险自留；第二，风险转移；第三，风险消除。我国农业保险体系依然处于初步发展阶段，不够完善，大部分常见的农业风险并未被纳入农业保险范围，这在无形中限制了风险转移应对方法的使用。

目前，电子商务在农业风险应对中所起到的作用十分有限，仅能够维护价格稳定，并不能减轻不可抗力因素所带来的损失，只有加强政府、工信及工商等部门的协同合作，才有可能调动更多的社会力量来抵御风险。

三、农村电子商务网络营销的策略

（一）拓宽农产品推广渠道

1. 利用新媒体推广

（1）微信营销

充分利用微信平台：微信有巨大的用户群体，商家可通过微信公众平台，如微信公众号、微信个人号、微信群、微信广告资源平台等，结合转介率微信会员管理系统展示商家微官网、微活动、微推送、微支付等，让用户快速了解产品，从而实现线上线下微信互动营销。

正确运营微信公众号：微信上大多是同事、朋友、亲人、客户等，运营者在运营时要把自己当成客户，抛去“销售”的想法，偶尔向用户推送几条广告，同时要尽可能地调动活跃度，和用户创造沟通的话题。

注重微信社群的管理：微信中有各种群，每个群适合发的内容不一样，所以在使用微信群时，不同的社群要用不同的管理模式，这样才能创造更高的价值。

（2）微博营销

充分增强互动：微博的互动性强，很多热点都是从微博传开的，所以要适时地通过微博和用户展开一些互动，如发布一些产品知识、开展话题讨论的线上相关活动，增强与用户的有效互动。

注意微博的内容：微博和微信一样，不宜一味地向用户推销产品，发布广告时可结合产品特点、相关性等突出内容，针对潜在客户的需求，进行有针对性的营销，这样就能很容易地被用户接受。切忌纯广告性的宣传内容，因为此类内容易引起用户的反感，达不到预期的效果。

2. 农产品网络直播

2016 年，电子商务新业态——网络直播开始呈现，网络直播内容主要是娱乐直播和游戏直播。到 2020 年，网络直播开始爆发，当直播与农特产品相结合时，便形成一股农村农特产品的“网红风”，农特产品的网络直播开始显示其优势，网络直播带货给农特产品带来了新的销售方式、思路和重要的销售渠道。网络直播实时性强，超越了距离限制，甚至超越了渠道障碍。网络直播互动性强，在直播中消费者可以随时提问，商家会在众多问题中总结出消费者感兴趣的内容，之后商家就能即时调整商品介绍的内容，这使得直播销售更有诱惑力，也更加生动有趣。网络直播可多角度展现产品魅力，一个好的农产品本身不仅有内容，还包含着情感和温度，所以要丰富农产品的直播内涵，如在直播过程中展示农产品的生长环境，把产品生长过程中农民付出的努力和对它的匠心表现出来。

当前，直播新玩法层出不穷，仓播、田间地头直播等吸引了大量消费者的注意力。仓播就是将直播间设在存放农产品的云仓现场，消费者在直播画面中可以直接看到陈列的农产品，面对面下单，快速出仓。仓播将供应链体系优势和直播流量优势创新结合，双向赋能，启动流量经济发展新引擎。田间地头直播就是直接将直播电商放到农田里，通过直播现场展示农作物的生长情况，在虚拟和现实中同步融入文化内涵、品质内涵和消费者对于特定品类农产品的独特体验式情感，激发消费者的热情，从而为农产品打开销路。

3. 农产品社群营销

社群营销就是通过某一社群平台聚集一批有相同喜好的人，通过一种在线社交方式提供某种服务或者销售产品的一种新的商业形态。社群营销也为新的社会活动、营销活动创造了新的价值。目前，除包括微信朋友圈及微信群搭建的社交功能外，还有其他很多具备社交属性的社群新工具，这些社群工具的活跃度非常高，很多大企业也采用了社群营销的形式，积极尝试社群营销。社群营销也被认为是农产品销售的最佳方式之一。“农产品＋社群”能够让生产者与消费者联系起来，让消费者拥有参与感，为农产品赋能。以“情感、信任、产品、利益”为核心的社群营销在打通农产品流通环节、提升农产品附加值方面发挥着独特的作用。

（1）社群产品定位

做社群的目的无非就是获取流量，社群营销便是获取流量最基本的途径，因此我们首先要对产品有一个清晰的定位。这个产品可以是真实存在的，也可以是虚构的，甚至可以是一种服务，总而言之，做社群就应该首先有一个清晰的产品服务定位，这是社群营销的关键，也是社群营销的第一要素。

（2）社群用户定位

产品定位确定了，这个时候我们就要开始明确用户定位了。假如这是一个知识型社群，营销对象便是一些需要接受教育的群体，因此要有明确的认识，找到合适的受众去营销产品，千万不要把所有人都当作自己的潜在用户；如果是产品型社群，就要找到具备和产品品牌相匹配的购买力、习惯和刚需的用户。所以明确用户定位是社群营销的第二要素。

（3）平台选择

现在能够做社群的平台有很多，社群的类型也很多，但是我们一定要找适合产品定位的平台去做营销。

4. 农产品社区团购

社区团购为社区电商线上线下提供了渠道模式上的创新，它相当于大供货商和渠道商与顾客（S2B2C）社区分销，一般情况下此种模式有三个主要参与方：第一，团购平台。它们主要负责为用户提供产品的链接、物流仓储信息及售后服务。第二，团长。团长在社区团购中主要负责产品链接的投放、订单的收集及最终的货品分发。第三，社区居民。社区居民主要负责购买产品。

从产业链上看，各大电商平台为用户提供产品与服务：产品多为生鲜、果蔬、日用品等日常生活中常用到的、需求量比较大的产品；服务多为本地生活、家政服务、社区服务等日常生活中常需的服务内容。产业链中游为社区团购服务。社区团购企业可以分为原生社区团购企业、快消 B2B 企业、零售企业及供应链服务企业。通过在社区招聘团长，由团长负责组织活动和发掘用户来带动各个社区用户拼团的积极性。下游用户主要是各个社区的居民。通过团长与社区居民之间的亲密及信任关系和低廉的产品价格维护用户，能够降低获客成本，从而在社区中由点及面地推广社区团购模式。

从某种意义上来讲，社区团购的诞生主要源于两方面原因，一是人们对高性价比产品的追求，二是社交需求。就目前我国生活消费水平来看，我国呈现出“分级消费”的现象，一二线城市居民的消费渠道呈多样化发展，此外由于受生活、工作压力的影响，他们在购买产品时往往比较重视购买效率，也愿意支付便捷性溢价，这也是一二线城市便利店盛行的原因之一。与一二线城市对应的三四线城市居民有充足的时间来购买物品，他们在时效的追求方面要明显低于前者，更加注重产品的价格。与传统电商及团购模式相比，社区团购的综合成本相对较低，并且产品也可以满足三四线城市居民对性价比的追求。

社区团购的模式进化基于生鲜农产品供应链的再造，能够为消费者提供极具价格优势的产品。将原先“产地—批商—二批商—超市—用户”的供应链体系优化为“平台供应商—团长—终端用户”的供应链体系。该体系相比传统渠道，节省了至少两个甚至更多的中间环节，从而大幅减少了产品在供应链中的沉淀时间，优化了之前的高损耗痛点，最终将成本优势让利给消费者，为价格敏感客群带来了极佳的体验。

在减少中间环节、降低损耗的同时，社区团购在实现精准产品分级方面也具有独特优势。生鲜农产品作为非标品，分级销售尤为重要，在当前的传统供应链体系中，该职能主要由批发商环节实现。以水果为例，从农户到批发商的过程称为统货（不分级收购），批发商再根据水果大小进行分级，分销给不同渠道。社区团购模式可以将中规格以下的果品，精准对接给价格敏感客群，并使其享受到比传统营销网络更便宜的价格。

（二）重视农产品内容营销

内容营销不仅是一个系统，也是企业、自媒体为了实现商业目的展开的一种营销行为。通常情况下，内容营销需要经历一定的过程，首先需要了解受众特点及需求，其次需要了解内容传播的渠道及内容的表现形式，同时也要确定产品品牌调性，最后需要对内容传播的效果进行评价，并将评价结果作为后续调整内容传播策略的依据。内容营销并不是普通的内容创作，二者之间有明显的区别，如创作出发点、创作方法、创作内容的取向等。一般情况下，内容营销的内容创作虽然会体现创作者的个人风格，但是大部分情况下，内容营销的内容主要结合消费者的喜好进行创作，如在展现产品品牌时结合消费者的喜好创作，可以拉近消费者与产品品牌的距离，使二者产生共鸣。除此之外，内容营销作为一个系统的市场行为，它不仅仅关注内容本身的质量，同时也十分关注内容传播的运营和管理，通过内容传播的运营和管理，企业不仅能在短期内提升内容的曝光量和受关注度，还能长期获得内容营销的协同效应。

内容营销是营销策略的一种主要方式，其包含的主要要素为以下两点。

①内容营销没有特定的平台和渠道，主要关注的是内容本身，媒介渠道和平台是内容营销的载体。

②内容营销的目的是实现内容的转化，通过内容营销展示，实现与消费者的

互动，让消费者信任和认可企业和产品品牌，最终实现产品的转化。

内容营销大致归为三类。第一类侧重基于自媒体和电商平台的内容营销，主要特点和终极目标是直接通过内容来卖货。从理论上讲，这种内容营销一般被称为内容电商。第二类侧重基于社交媒体的自媒体创业。这类内容营销通过微信或微博等社交媒体的公众号持续输出内容，形成魅力人格体后吸引一批粉丝，最终通过广告或者其他形式的变现达成销售。第三类侧重传统的大、中、小企业，在新的媒介和消费环境下，对传统的基于广告思维的营销思路、逻辑、流程和做法进行调整，从而通过持续输出符合消费者喜好的品牌价值观和文化，让消费者全程参与到品牌的建设和传播中，使消费者最大限度地认可和喜欢这个产品品牌，以达到促进销售的目的。

由于第三类中的企业占中国整个企业生态有生力量的绝大部分，因此更倾向于把这类内容营销称为真正意义上的内容营销。对于这类企业，内容营销就是在战略层面上进行设计，通过对理念、架构、组织、预算、渠道和全程的动态评估，挖掘并形成企业和产品本身的内容营销思维和能力，完成品牌知名度、认知度和美誉度的维系或重塑，并最终助力销售。

（三）构建营销的支撑体系

1. 农村电子商务营销基础设施体系建设

基站、数据库及网站平台的建设是发展农村电子商务必不可少的方面，从具体层面来讲，农村电子商务基础设施建设包含两个方面。

（1）设施设备的搭建

现如今的社会是一个信息高速发展的社会，每个行业的发展都离不开大数据的支撑。在信息技术的影响下，智能手机、云服务等给人们的生活带来了巨大的改变，信息传递速度虽然呈几何式增长，但是这也使基站、数据库的建设成为刚性需求。与城市基站建设相比，农村的基站建设更加复杂，它受到多方面因素的影响，如耕地、河流、地形等。

当下我国正处于信息技术高速发展与转型的阶段，2019 年成功研发了 5G 技术，该技术的信息传输速度要远远高于 4G 技术，与之相应的传播距离和覆盖范围程度将会变小，未来我国基站建设将会以小型基站建设为主。

（2）交易平台的建设

我国网上交易平台与传统经营模式并没有本质上的区别，现有的网上交易平台主要是通过网络为买卖双方搭建一个虚拟的交易市场。在这个虚拟交易市场中，买方可以根据自身需求寻找目标商品，卖家则缺少了主动寻求交易的机会。另外，当前网上交易平台的宣传模式较为单一，大部分都是通过搜索关键词及产品排名的方式获得曝光率，这对于农民而言效率并不是很高。

打造一个双方互动的新型交易平台是未来网络交易发展的主要方向。我国为了进一步规范电力行业，着力于提升发电公司的市场竞争能力，同时也为减少资源浪费采取了一系列措施。具体来讲，主要方式有建设全新的交易平台，将电力数据打包成模块化信息，并对其进行公示，与此同时对各个用电企业进行详细的登记、匹配，并介入第三方售电公司来实现双方合作。这些举措在一定程度上为我国农业互联网交易平台的转型、建设提供了思路，以集团、公司、村落为单位，将地区的农户集中起来，并在平台上建立属于自己的产品信息模块，然后通过第三方专业销售团队寻找合适的需求方，从而实现农产品的销售。

2. 农村电子商务营销数据库体系建设

在电子商务发展初期，人们对网络信息的认识程度较低，往往将其与传统的电视、报刊广告混为一谈，这在一定程度上也反映了我国电子商务发展的早期萌芽阶段。

借鉴我国电子商务在小商品领域的成功经验，人们开始将关注点放在网络销售上，并积极探索更多的销售模式。不管是产品的展示，还是农业行情的分析，都离不开大数据的支持。与此同时，与大数据相配套的硬件基础设施和软件设施也应当纳入基础建设当中。

信息技术时代，农业经营不再局限于农民、供销社、购买方三者。农产品的新研发方向、特色产品的海外销售、国家宏观调控的便民政策都是影响农业经营方向的因素。及时、准确的信息与可靠、有效的数据分析，是未来农业自身发展和经营模式专业化、国际化的必要条件。

（四）构建营销的应用体系

1. 农产品市场调研系统

以往，农业的市场调查通常以成本、销售价格为主，农户根据“打听”得来的信息来调整自己的种植、经营计划。这种调查缺乏科学性、指导性，容易受市场的整体盲从性影响，导致产业板块失衡，进而影响农户的收益。因此，无论是从农户的自身利益角度，还是从整体市场稳定上行发展的角度，都迫切需要可靠、准确、科学的市场调研作为指导。

农业生产与当地的自然气候、地质水文、土壤类型、生态系统、地方政策及交通运输等息息相关，仅针对局部地区进行市场调研难免会失去对全局的把握。要做到全面、系统的市场调研，并协同各地政府部门、行业主管部门、乡镇企业、农业基地、农户进行经济模式革新，就不可避免地需要强大的数字分析技术和数据库作为支撑。农业的市场调研应从以下两个方面进行。

（1）自身定位

第一，农业生产要对自身的自然气候、土壤类型，以及耕种周期进行充分的调查、分析，避免出现农业生产实际情况难以达到生产目标的尴尬局面。农作物都有其独特的生长需求，对土壤的酸碱程度、水质的软硬级别，以及温度、日照时间的要求都不尽相同，因此只有依据科学种植的方法才能达到保质保量的生产效果。

第二，对自身的定位还应考虑到特色产品的长处，充分发挥天然优势。例如，土壤肥沃的东北地区，适合集中发展谷类农作物；树林茂密、日照较少的山林地区，适合菌类的野生种植；土壤呈弱酸性的南方红色土壤，适合种植含糖量较高的水果。通过对自身合理定位，并辅助以电子商务平台，可以让各农业产地打上各自的特色标签，使其发展成为新型集中化产业基地。

（2）市场消费

在我国加入世界贸易组织后，大量的海外产品涌入国内市场，人们可以选择更多的产品，同时中国也成了世界最大的农产品外销国家。

农业市场经济面临更多的冲击与挑战，国内外市场的消费需求、价格浮动、人群消费理念都发生了转变，这些对市场消费的重新定位至关重要。

现阶段，基于我国农业经济的实际情况，对于市场消费的定位把握应关注两个方面：传统农产品的新型消费模式和市场资金的流向趋势。农产品的计划性生产周期长，成本收益与耕种周期成反比，市场消费的趋势瞬息万变，盲目地追随消费者的需求从长远发展角度来看不利于农业经济的良性发展。因此，合理利用电子商务的辐射功能来引导市场的消费趋势，可以让农产品的经营规划顺利进行。

2. 农产品信息发布系统

在农业市场的调研工作完成之后，要对农产品销售的市场环境进行分析，做好产品经营定位，下一步的工作就是开展经营战略规划。电子商务的营销战略要充分考虑自身的目标、整个农业市场的变化和自身的生产技术、资金水平。电子商务营销战略的首要任务是完成信息系统的建设。

电子商务的信息系统有别于传统的信息发布系统，它不仅在产品的展示平台上更为全面、立体，还可以通过互联网作为联络纽带，对发布的信息进行反馈管理。相应地，其信息发布的组织机构和职责功能也应满足从信息发布到客户效果反馈的封闭循环模式。

近年来，物联网销售模式的出现，为实体销售和电子商务的融合提供了全新的交易方式。物流园、产业园的兴起，为物联网的产品集中和物流运输提供了更为便利的条件。信息发布系统的建设也延伸出了更多的综合服务功能，包括产品信息、货期信息、物流信息、各地物流园的相关辅助装备租用信息，从而完成从农产品的种植到用户的一条龙服务。

此外，在农产品的生产创新和经营完善方面，电子商务还可以作为促进合作、交流的平台。国内外的合作交流协助农产品打造出优势品牌，并借助品牌效应开发农村的附加价值，建立农业生产、风景旅游、生活体验等多元化的新农村经济形式。

（五）构建营销的保障体系

1. 组织保障

农村电子商务营销需要政府的支持与扶持，因此政府应当积极参与其中并发挥作用。农村建设电子商务营销体系需要耗费大量的经费和较长的时间，没有政府的支持，仅凭各个中小规模企业或农户是不可能完成农村电子商务体系建设的。因此，在农业信息化推进工作中，相关机构及地方信息小组应当重点支持该体系的建设，不仅要做好基础网络设施的建设，还要尽可能地在第一时间传递给农产品生产者各种有效信息，做好产学研工作调配。为了使农业龙头企业积极参与到该体系建设中，政府要给予这些企业政策及资金上的支持。与此同时，建立和完善农村电子商务营销协会及各种农民合作组织。

2. 人才保障

我国农村教育水平受多方面因素的影响，仍处于较落后的阶段。除此之外，大多数青年人都希望留在市区，不愿回到农村，导致农村人才流失现象十分严重。现代农业与传统农业无论是在生产方面还是销售方面都有着很大差别。为此，在农村建立农业信息化培训制度是有必要的，尤其应当把农产品营销主体作为该培训的主要人群，其培训内容包括以下几个方面。

①网络基础知识与常识。

②基本网络问题诊断和维修。

③接收、发送电子邮件。

④农业智能化专家系统的基本操作。

⑤农业信息的收集、分类和发布等。

⑥农产品经纪人业务技能和基础理论。

农民通过网络上的信息交流，能够掌握更多上网技巧，并在第一时间获取有效信息，从而有意识地将网络作为农产品销售的一种手段。

第三节　农村电子商务的发展策略——网站设计策略

一、电子商务网站概述

（一）电子商务网站的定义

关于电子商务网站，迄今尚没有明确的定义。对于企业来讲，它好像是“工厂”“公司”“经销商”；对于商家来讲，它好像是“商店”“商场”“门市部”；对于政府机构来讲，它好像是“宣传栏”“接待处”或“办公室”等。在电子商务中，网站是其拥有者与用户交流及沟通的窗口，是买方和卖方信息交汇与传递的渠道，是企业展示其产品与服务的舞台，是企业体现企业形象和经营战略的载体等。企业及政府机构实施电子商务，必须要建立网站或借助其他商务网站，否则电子商务的交易是不可能实现的。因此，电子商务网站是企业开展电子商务的基础设施和信息平台，是实施电子商务的公司或商家与服务对象之间的交互界面，是电子商务系统运转的承担者和表现者。

电子商务网站在软、硬件基础设施的支持下，由一系列网页、编程技术和后台数据库等构成，具有实现电子商务应用的各种功能，可以起到广告宣传、经销代理、银行与运输公司中介及信息流动平台等方面的作用。

（二）网站在电子商务中的作用

电子商务离不开互联网，也离不开商务网站。网站在电子商务中的作用大致包括以下几个方面。

1. 树立新的企业形象

电子商务网站为公司或企业提供了一种可以全面展示其产品和服务的虚拟空间，起到了提高企业知名度和增加企业信誉度的作用。在商务网站上做宣传的方式使企业的长期广告成本低于其他媒体，已有越来越多的企业在互联网上宣传本企业的形象和提高其产品的知名度。随着电子商务活动范围的不断扩大，商务网站的广告效应不断增强。

目前，大多数有一定规模的企业已经在互联网上建立了自己的网站，并将客户关心的信息放在网站上，以便客户可以随时随地查询这些信息。

2. 改变企业的竞争格局

电子商务网站改变了企业的竞争格局，帮助各类企业扩大了竞争领域，大幅度地提高了企业的竞争能力。

互联网上的网站是一个虚拟空间，公司或企业不分大小，也不管位于何处，在网上都是一个拥有 IP 地址或域名的 Web 站点。因此，在互联网上企业的形象不再由规模、实力、人数、业绩、信誉和历史等决定，逐渐由一套新的规则所替代。这些新规则包括规范、快捷、方便、亲切、美感、专家咨询、全球性比较、个性化选择和交互式使用等。所以在网络时代，大批中小企业与各类大型企业将在同一条起跑线上。电子商务改变了以往的市场准入条件，使中小企业从原先主要被大企业占有或几乎垄断的市场中获得更多的发展机会和利润。

3. 直接开拓国际市场

企业建立了自己的网站，就意味着已经打开了进入世界市场的通道。实际上，很多未将产品外销列入计划之内的公司或企业应该意识到，网站的信息一经发布，就可能会为企业带来国际性的商业机会。不言而喻，对于出口外向型或有意进军海外市场的企业来说，在互联网上建立网站无疑是开拓国际市场成本最低、最有效的手段，也是使本土企业国际化的一条捷径。

4. 提供全天候的服务

电话、电报、传真等是企业和合作伙伴、消费者沟通并提供产品或服务的传统通信联络手段。在今天，企业利用自己的商务网站，可以更生动、直观、方便地向更广范围内的其他企业和个人进行交互联系、推销产品和提供服务，并且这种方式是24小时不间断进行的，通常也不会有节假日等不营业的时候。

5. 缩短推出新产品和打开新市场的周期

推出新产品和打开新市场的成本是较高的。少数大型企业可耗费巨资打广告、搞促销，对于大多数企业来说，既没有足够的金钱，也没有足够的时间去等待、收集和分析足够的反馈，以决定自己该如何改进产品或编制进入新市场的销售策略。通过商务网站，企业可以采用多媒体方式展示新产品，毫无遗漏地尽述其优点和特色，同时能够以低廉的成本在新的目标市场上向更多的客户打广告、做宣传。在此之后，就会发现人们对新产品的意见及新市场的反馈纷至沓来，随后即可从中得出令人信服的数据。以前耗时耗钱的艰巨任务现在在互联网上就可低成本地快速完成，且效果较好。

6. 有利于发展客户关系网

任何一个要创立品牌、立志做大的企业，都不能忽略互联网及不断发展壮大的用户群。通过互联网上的网站，商家可以向成千上万个潜在的客户发放“名片”，全天候地向他们介绍：“我能为你做什么？如有需要，请跟我联系。”商务网站还能方便地把来访的客户信息记录下来，实现有效的客户关系管理，以便保持与客户的联系并更好地为客户服务。

7. 有利于降低商务活动的成本

通过建立网站开展网上营销活动，不需要租用场所和装饰店面，也不需要大量的导购、销售、管理和保安等人员，可以全天候营业，因而可极大地降低商务活动的成本。此外，世界电信服务成本的降低也为企业创建自己的网站并开展电子商务活动提供了有利的条件。通过商务网站开展商务活动，其成本只占以其他方式开展商务活动所需费用的很小一部分，这能够在一定程度上降低商务活动成本。

（三）电子商务网站的各种形式

1. 宣传式网站

利用网站开展企业推介和营销宣传活动，是利用网站开展商务活动的第一步，这是目前我国许多企业采用的网络营销模式。由于在这些企业内部通常还没有建立基于网络和数据库的现代化管理信息系统，因此它们建立网站的目的是利用网站宣传企业的形象，并提供企业机构设置、产品种类及价格、联系方法等信息，相当于放置在互联网上的电子宣传手册和广告牌。

在这类网站中，一般不能提供更多的服务，也不能开展网上交易，属于一种静态网站，最多是提供一个电子邮件的超级链接，客户可以通过这个链接发送电子邮件与该网站主体进行联系。此类网站由于投资少、建站快，没有充分利用网络与网站的功能和优势，因而营销效果有限，并且这类网站缺少内容更新，时间一长，就成了互联网上的“死站”。当然，企业创建了自己的网站，相当于在互联网上有了一席之地，如果再在网站上增加一些服务，如各种广告和友情链接等，可进一步增加网站的营销功能和访问量。

2. 门户式网站

所谓门户式网站，是指只要客户登录到这个网站，就可以得到企业或商家提供的所有服务。目前，国内一些大型企业都建立了这样的网站。这样的企业一般在内部已经建立了较为完善的管理信息系统，通过企业内部网络实现了管理信息的共享。企业通过门户网站把内部管理信息系统中可公开的信息与外部的客户和合作伙伴连接起来，在更大的范围内实现信息的整合和共享。

3. 交易式网站

交易式网站通常也被称为“网上商店”，此类网站除在网上提供企业、商品和服务的有关信息外，主要目的是开展 B2C 形式的商品交易活动和提供相应的交易服务。此类网站由于其经营商品种类与服务方式的不同又可分为以下几种不同的类型，其中一些是实行电子商务后创造和发展出来的新型商业模式。

（1）网上超市

网上超市经营各种商品，由网站经营者自己组织货源，并通过在线方式销售给最终消费者。目前，这类网络营销的商务模式若要取得成功，一般都需要有成功的后台营销业务作为支撑。

（2）网上专卖店

网上专卖店主要经营某一类容易在网上销售的商品，包括网上书店、网上鲜花店、网上礼品店等。由于网上专卖店的目标客户群体相对明确，所以一般比较容易成功。

（3）特殊交易网站

特殊交易网站包括网上证券、外汇交易、网上游戏、网上视听等。这些网站大多采用的是电子商务衍生出来的新的网络营销模式。随着电子商务的深入发展，人们还会创造更多、更具特色的电子商务营销模式。

4. 交易中介式网站

交易中介式网站主要用于建立交易平台，让其他企业或个人网站进行交易，收取一定的中介服务费用或服务器存储空间租用费用，开展 B2B、B2C 或 C2C 形式的交易活动。常见的中介交易模式网站有以下两种。

（1）网上商城

网上商城为每个进驻商城的商家提供网络空间和链接，存放企业的产品信息，网站本身并不组织货源和进行交易。中小型企业在网上商城开展网络营销可以说是一种投资少、见效快的方法。

（2）网上信息提供

专门从事网上信息发布服务的网站有交通信息网站、气象信息网站和招聘信息网站等。其中，招聘信息网站专门提供各种人才库信息和公司人才需求信息，很受企业和求职者的欢迎。

5. 内部管理式网站

基于 Web 的管理信息系统是现代企业管理信息系统的新模式，企业网站在这种系统中起着重要的作用。企业内部网站的主要功能是服务于企业的内部管理，将企业内部各个职能部门的管理统一到这个网站平台上。有了企业的内部管理网站，可使企业的组织机构、业务流程和经营现状等信息一目了然，并可提供企业内部信息的发布与查询功能，以及员工和企业、员工和员工之间的交流等功能，从而实现将传统的金字塔式的逐级管理模式逐渐向网络化和知识型的管理模式过渡。

内部管理式网站的关键问题是如何通过网站实现企业内部各种管理职能的优化整合、管理信息的整合和共享，以及如何形成适应网站特点的管理流程，实现管理模式的变革并促进管理水平和效率的明显提升。

6. 行业式网站

各行各业都可以根据需要创建本行业的商务网站，开展行业性的电子商务活动。由于各行业经营方式和经营项目的不同，其网站在内容、形式、风格的定位上也有较大差异。例如，旅游行业网站的特点是诱人的景点介绍和图片展示、完整的旅游信息发布，以及相关的旅行社、交通路线、宾馆饭店信息介绍等。

7. 电子政务网站

电子政务与电子商务关系密切，健全的电子政务是电子商务发展的基础。企业的商务活动离不开政府有关部门（如工商、海关、税务等）的服务和管理，在一定程度上甚至可以说电子政务是电子商务的组成部分。各级政府的电子政务建设，必将促进我国电子商务和社会信息化的发展进程。

二、农村电子商务网站平台建设

（一）第三方平台和自建平台

涉农企业在网上销售自有产品可以借助两种途径：一是在电子商务平台上开设店铺；二是自立门户型的企业电子商务网站。为了个人或企业能够进行网上交易而开设的平台是电子商务平台，一般提供各类服务的都是买卖双方之外的第三方平台服务商。企业电子商务平台是企业（通常是供应链的核心企业）建立在互联网上，为商务的顺利运营提供保障措施的管理环境及进行商务活动的虚拟网络空间，同时也是整合与协调资金流、信息流、物流高效流动的重要场所。商家与企业更是可以对电子商务平台所提供的安全平台、支付平台、管理平台和网络基础设施等共享资源进行充分利用，以便保证将自己的商业活动低成本且有效地开展下去。企业电子商务网站主要面向供应链上各节点单位，如为客户、供应商等消费群体提供企业范围内的交易、服务等。

1. 第三方平台

（1）优势

①信用体系和信用制度比较完善，可信度较高。

②有较完善的购物流程。

③较具规模的平台，流量较大，客户目的性较强。

④有自身的商城模板，可快速搭建网上门店。

⑤直接利用平台已有的庞大用户资源，帮助企业节省自建及维护电子商务网站的费用和长期的推广费用。

（2）劣势

①在运营上有较多的规则限制，店面样式比较单一，显现不出自身的特点。

②需要向第三方电子商务平台缴纳一定的佣金或者保证金，如较具规模的电子商务平台会收取会员费。

③功能方面较受限，扩展性较低。如果第三方平台没有及时推出个性化功能，商家就无法使用，或者需要额外支付费用。

2．自建网站

（1）优势

①没有佣金负担。

②网站空间容量不受限制，可以任意展示更多的商品，提供更好的用户体验。

③可拓展性高，网站无论是框架还是风格内容全都由商家自己掌控。

④结合自身和用户的特点，可以贴合用户使用习惯和消费习惯来提供个性化服务。

⑤在销售和服务流程中，可以采用比第三方电子商务平台更高的标准来要求自己，以便提供更好的服务。

⑥自建电子商务网站，对企业的长期健康发展非常有益。

（2）劣势

①需要购买服务器域名和软件等基础设施。

②初期投入较高，效果需要时间积累。

③建站初期可信度低，推广难度较大。

④如果需要自建运营维护团队，则需要投入较大的人力、物力成本。

（二）电子商务平台选择方法

如果没有足够的人力、物力和财力，又缺乏经验，那么建议还是从第三方行业门户类电子商务平台“起家”，开启电子商务之旅。待日后具备了足够的人力、财力、物力，并积累了从事电子商务的经验后，可以自建网站。对于有实力、经验的涉农企业，建议最好同时经营自建网站和平台店铺。

农产品的供应方有如下选择：对于农产品供应方来说，在待售农产品已确定的前提下，可以根据农产品的细分门类来选择网络交易平台。如果是基础性农产品，即粮、棉、油、糖等，建议选择农业大类里的细分行业门户网站，如待售的是玉米，就可以选择中国玉米网等玉米行业门户网站；如果是生鲜农产品，即所售农产品是水果或蔬菜等，则建议选择生鲜品电子商务平台。目前，提供此类平台服务的提供商主要有三类，第一类是综合性电子商务平台的生鲜频道，第二类是细分行业门户网站，第三类是具有区域特色的生活服务类电子商务。

如果是农产品的需求方，需根据农产品的用途来进行选择：如果采购的农产品主要用于初级农产品的再加工，可以参考以上所述供应方的选择；如果购买的产品主要用于消费，则需根据购买的消费习惯及消费环境进行选择。

总之，无论是供应方还是需求方，及时准确地获取信息、便捷的信息沟通均是在选择电子商务平台时首先需要考虑的条件。

（三）电子商务平台的建设方案

1. 选择适合的电子商务切入模式

应当按照每个地区不同的农业经济发展特点，采取能够适应该地区发展的农业电子商务切入模式。在经济不太发达的地区可以将供销信息经过中国农业信息网发布到网上，交易则在线下采用初级电子商务模式进行；在经济比较发达的地区，可以用电子化交易在电子商务平台中实现合同、接洽和货款支付等，除去物流之外，资金流、信息流和商流等都是在网上进行的。

2. 加强农业产业化数据库建设

应当进行协调指导与统筹规划，加强农业产业化的数据库建设，以及提升数据库资源的开放利用水平和拥有量。与此同时，还要在各部门和地区之间与本地发展产业化的实际情况加以结合，基于特色数据库，达到通畅数据交换和信息资源共享的目的。

3. 建立高效规范的信息数据库系统

在当今这个信息时代，谁能最先得到信息、使用信息，谁就能赢得市场和利润。此外，还应建立起高效且相对完善的信息数据库系统，以此来发挥农业电子商务的巨大潜力，建立起一个高效、良好的收集、分析信息的数据库系统，从而优化自身的资源配置，降低成本，提高效率，提高市场占有率。

4. 农业电子商务平台的宣传和推广

无论电子商务平台是通过哪种方案搭建的，都应做好网站的推广，增加访客量，从而获得社会的普遍认可。同时也应注意，在设置平台时要彰显农业特色，具备好的交互性和安全性，以便将信息发布在各个公共媒体的网站中，在发布时要注意设置好友情链接。此外，还要给潜在客户发送电子邮件，寻找合作机会，并让客户通过搜索引擎找到本企业的网站，了解相关产品。

（四）电子商务平台的总体设计

1. 总体框架

新农村电子商务平台由两个体系、四层结构组成。两个体系是指身份认证和安全体系、运行维护保障体系，四层结构从下到上分别是基础层、资源层、支持层和应用层。基础层是指平台的基础框架环境，由计算机设备资源库、计算机网络及呼叫中心通信网络、数据库和应用服务器、交换器、存储设备等构成。资源层提供分析基础数据的资源，包括商品库、商品信息库、客户资源库、咨询库、评价库、账户信息库等。支持层包括搜索引擎、数据挖掘分析及协同工作支持等。支持层通过对商品或者评论信息进行数据分析，得到平台建设、服务的决定性决策依据，同时为用户提供邮件服务、文档管理等信息。应用层是平台管理入口，为客户提供服务窗口，属于信息门户，作用包括用户注册、数据查询、信息咨询、在线购买、物流跟踪、商品评论、退货管理等。身份认证和安全体系包括对主机、计算机网络、应用系统、系统运行进行的安全设计。运营维护保障体系具有专业性、标准性、统一性和公共服务性。

2. 业务构架

商家在电子商务平台上发布商品信息，消费者通过手机、电脑等电子设备联网访问交易平台，购买自己想要购买的商品，并用银行卡、支付宝、微信等支付，之后可查看订单信息和物流信息，如有疑问，消费者可以联系客服解决。完成上述框架需要一定的技术支持，可以采用面向对象的设计方法和多层结构。面向对象是一种软件开发方法，优点是能够提高开发的效率和质量。多层结构的优点是安全性强、效率高、可塑性和开放性强、易于维护等。

第四节　农村电子商务的发展策略——安全策略

一、电子商务的安全问题

电子商务在整个运作过程中，面临着来自技术、管理、法律等方面的各种安全问题。

（一）电子商务安全的技术问题

从技术上看，电子商务面临的安全问题主要来自以下几个方面。

1. 安全漏洞

“木马”是特洛伊木马（trojan　horse）的简称，也可用它来表示不怀好意的软件，如那些窃取网银账号、证券账号、网游账号的程序，监视屏幕、控制摄像头和话筒等的窃密程序等。

“木马”在用户的计算机上运行的主要手段是利用安全漏洞。有安全漏洞的软件就好比窗户上没插销的房子，“木马”就好比小偷，如果装了一扇没有插销的窗户，小偷就很容易进来。

2. 计算机病毒

计算机病毒是指设计或插入计算机程序中，破坏计算机功能或破坏数据，影响计算机的使用，并具有自我复制能力的计算机指令或程序代码的集合。

计算机病毒可分为良性病毒和恶性病毒两个种类。良性病毒虽然不会破坏计算机数据，但会导致计算机程序运行异常。通常情况下，良性病毒比较容易判断，当病毒来袭时它会尽可能地表现出来，虽然影响程序的正常运行，但当计算机重启后程序可能会继续工作。恶性病毒就不是这么简单了，它会破坏计算机数据，有些甚至会破坏电脑设备。恶性病毒在感染初期，计算机一般没有任何异常行为。需要注意的是，恶性病毒一旦出现，当人们注意到它时，它已经损坏了计算机数据或硬件，并且损失难以挽回。

3. 黑客攻击

在电子商务时代，一切货币、财务，甚至是商业机密等都可以以数据的形式存储在计算机内。必要的时候，还会通过计算机进行流通，如资金转账等。这些企业行为引起了犯罪分子的注意，犯罪分子开始通过黑客行为牟利。常见的黑客攻击手段主要可以归纳为以下几点。

①计算机系统是受到机器和服务器控制的，难免会出现一些漏洞，黑客会利用漏洞植入木马，利用木马程序拦截文件、窃取数据。

②黑客利用一些隐蔽的网页传播僵尸程序、间谍软件，通过控制僵尸网络活动进行资料的窃取。

③设置陷阱。由于网站管理员的疏忽，在进行网页浏览的时候，可能会点击一些链接，这些链接实际上是黑客设置的陷阱，他们经常将病毒代码下载到点击该链接的计算机中，并隐藏在网站的某个文件中，对该网站的文件或者数据资料进行破坏或者窃取。

④密码解密。网站的管理员在管理网站的时候，会有自己的登录账号和密码，黑客通过密码解密的方式破解网站合法管理员的用户名和密码，从而对网站进行篡改。

4. 网络仿冒

网络仿冒，是通过使用欺诈邮件和虚假网页来诱骗收件人提供信用卡账号、用户名、密码、社会福利号码等，利用骗得的账号和密码窃取受骗者金钱。它通常是通过仿冒正规的网站来欺瞒诱骗用户提供各种个人信息，甚至通过在假冒网页或者诱饵邮件中嵌入恶意代码的手段，给用户计算机植入木马来直接骗取个人信息，如银行账户和口令等。网络仿冒对象主要是金融机构、银行和在线交易的网站。不法分子常常利用某种漏洞进入其他无辜用户的主机来运行假冒网页，并散发非常具有迷惑性和欺骗性的电子邮件。缺乏安全防范意识的互联网用户点击了邮件中看似正常，实为仿冒网页的链接，便会被提示输入账户资料、信用卡号、交易密码等重要个人信息，如果用户填写了这些信息，用户账户里的金钱将落入不法分子手中。

5. 信用风险

消费者可能会发生恶意透支信用卡，或使用伪造的信用卡骗取卖方货物的行为，还会存在拖延货款的可能，卖方需要为此承担安全风险；卖方不能按质、按量、按时运送货物，或者不能完全履行合同，会造成买方的安全风险；买卖双方都有可能抵赖曾经发生过的交易。

（二）电子商务安全的管理问题

电子商务网站和系统存在诸多不安全因素，要想对网站和系统进行保护，就要对其进行严格的管理。事实上，能做好这一点的企业并不多，很多企业还没有认识到加强网络管理的重要性。

在网上进行商品交易时，客户会进入交易中心，在这里买卖双方签订合同，完成付款，结束交易。交易中心的作用是一方面监督买方及时付款，另一方面还负责监督卖方是否按要求交付货物。在这个过程中，存在很多管理的问题。针对这些问题，需要建立完善的管理制度。

在电子商务安全管理体系中，人员管理也是薄弱环节。近年来，我国内部人员实施计算机犯罪的行为时有发生，主要原因是部分从业人员职业道德水平不高，管理不力，由此可见，对电子商务网站和系统进行严格管理很有必要。

（三）电子商务安全的法律保障问题

在电子商务中，交易双方均会存在一些交易安全问题，针对这些问题，除要实行严格、规范的管理之外，还要有法律的保障。主要可以从两个方面进行分析：第一，电子商务交易主要是商品交易，安全问题必须受到民商法的保护；第二，电子商务交易的整个过程是通过计算机及网络进行的，安全与否取决于计算机及其网络本身的安全与否。

就目前而言，关于以上两个方面的问题，我国的法律体系还不完善，现行法律对电子商务交易保护的规定较少，网上交易可能存在法律延误带来的安全风险。

二、触发电子商务安全问题的原因

（一）人的因素

在所有商业交往中人是最关键的因素。在电子商务交易中交易双方互相隔离，很难用传统的方法验证对方的身份，只有通过因特网交换信息才能完成交易，不确定性和隐蔽性是导致电子商务安全问题的一个因素。由于电子商务是一种全新的商务方式，参与电子商务交易中的各方及系统管理人员的道德素质，在电子商务中所涉及的法律规范、安全技术等方面都有一个逐步健全和完善的过程，因此在电子商务中人是一个非常重要的因素。

（二）网络的因素

电子商务的实现依赖于网络，没有网络的存在，电子商务无从谈起。电子商务是继网络之后才出现的，是网络发展过程中的产物，所以当初网络的建立仅考虑了网络不会因为局部故障影响信息的传输这个问题，并没有顾及电子商务安全，这样它的全球性、开放性和共享性就使得电子商务交易过程中传输的信息存在安全问题。

（三）管理的因素

目前，因为从事电子商务的企业大多欠缺管理，企业对病毒侵袭、黑客的攻击准备不足，所以要强调安全管理的重要性。现代化的企业信息建设强调："七分管理、三分技术"，在电子商务安全中也不例外。

（四）技术的因素

由于目前还缺乏对网络犯罪的有效反击和跟踪手段，黑客的恶意攻击同样是威胁电子商务安全的一个重要 原因。当然有些企业也会故意攻击网站，触发安全问题以便来研究新的安全防范措施。很多已经开发出来的软件会存在这样或者那样的漏洞，这就给了攻击者可乘之机，通过这些软件的漏洞，黑客可以编写代码传播病毒等，这也是导致安全问题的一个原因。

（五）其他因素

电子商务的交易过程是建立在非常复杂的网络环境上的，它的运作过程基本是通过信息流在网上传递实现的。它对系统安全的依赖性很强，特别是对数据库服务器的可靠性、网络通信设备及数据的安全性要求很高。各种人为的因素，以及自然、物理的不安全因素都会给复杂的系统带来威胁。

三、农村电子商务的安全管理

（一）人员管理制度

在电子商务活动中主要的参与者是人。计算机网络犯罪具有智能性和隐蔽性，所以在网络交易过程中，对人员的管理至关重要。

要想完善农村电子商务企业内部的安全管理体制，就要不断加强人员的管理和培养，使相关人员的安全意识得到提高，充分认识到企业发展过程中安全问题的重要性。作为系统管理员，要时刻将系统安全放在首要位置，建立可行的且详细的信息安全防治制度，防患于未然。

（二）跟踪、审计、稽核制度

这里所说的跟踪、审计、稽核制度，是指对农村电子商务系统进行人工或自动审计跟踪，在跟踪和审计的过程中要注意保留审计记录，保存详细的审计日志。通常情况下，审计追踪包括三个方面的安全功能：第一，记录和跟踪各种系统状态的变化，如提供故意入侵系统和违反系统安全功能的记录；第二，识别各种安全事件的定位，如监视和捕获各种安全事件活动；第三，存储、维护和管理审计日志。

稽核制度是指工商管理、银行、税务人员利用计算机和网络系统，对辖区内农村电子商务参与单位经营活动的合理性、安全性进行查询、核实等。借助审计企业应用软件堵住农村电子商务参与单位业务经营的漏洞，采取一系列措施确保电子商务交易的安全。

（三）系统维护制度

在农村电子商务系统中有关系统的维护制度，主要可以从两个方面进行，即硬件、软件的日常管理和维护。

1. 硬件的日常管理和维护

农村电子商务系统中硬件的管理和维护，主要指的是对网络设备、服务器和客户机及通信线路等的管理和维护。

（1）网络设备

对于网络设备的维护一般采取在网络设备上安装相应网管软件，通过软件实现自动管理和维护。这些软件可以做到对网络拓扑结构的自动识别、显示和管理，网络系统节点配置和管理，系统故障诊断、显示及通告，网络流量与状态的监控、统计与分析；还可以进行网络性能调优、负载平衡等。对于无网管软件的设备应通过手工操作来检查状态，及时、准确地掌握网络的运行状况，一旦有故障发生能及时处理。

（2）服务器和客户机

网络管理员必须建立系统设备档案，记录下设备型号、生产厂家、配置参数、安装时间、安装地点、IP 地址、上网目录和内容等。对于服务器和客户机还应记录其内存、硬盘容量和型号、终端型号及数量、多用户卡型号、操作系统名、数据库名等。

（3）通信线路

通信线路一般分为内部线路和租用线路两种。对于内部线路，应尽可能采用结构化布线。采用布线系统虽然在建网初期会增加投资，但这样可以尽量避免网络故障，即使有故障发生也较容易排除。对于租用电信部门的通信线路，网络管理员应对通信线路的连通情况做好记录，当有故障发生时应及时与电信部门联系，以便迅速恢复通信。

2. 软件的日常管理和维护

在农村电子商务活动中，除对硬件进行管理和维护外，对软件的管理和维护也是非常重要的。所谓的软件是指能够帮助实现计算机指令的集合。从它们所起的作用来看，主要可以分为两个部分：一是操作系统；二是应用软件。具体来讲，关于操作系统的维护，可以体现在以下方面：一是对日志文件和临时文件进行定期清理；二是对文件系统进行定期整理；三是对服务器上的活动状态和用户注册数、处理运行中的死机情况等进行维护。

应用软件的管理和维护工作主要是版本控制。应用软件为了保持各客户机上的版本一致，会设置一台安装服务器，当远程客户机应用软件需要更新时，就可以从网络上进行远程安装。

（四）健全农村电子商务安全的法律法规

安全的电子商务仅靠单一的技术手段来保证是不会奏效的，必须依靠法律手段、行政手段和技术手段的完美结合来最终保护参与农村电子商务各方的利益。

我国应当尽快出台以下几个方面的法律法规，以保障农村电子商务的安全。

1. 有关认证中心的法律

认证中心是电子商务中的核心角色，它担负着保证电子商务公正和安全进行的任务，因此必须由国家法律来规定认证中心的设立程序和资格，以及必须承担的法律义务和责任，同时要由法律规定对认证中心进行监管的部门、方法及违规后的处罚措施。

2. 有关保护个人隐私和秘密的法律

要以最小限度收集个人数据和最大限度保护个人隐私的原则来制定法律，以消除人们对泄露个人隐私及重要个人信息的担忧，从而吸引更多的人上网开展电子商务。

3. 有关电子合同的法律

需要制定有关法律对电子合同的法律效力、数字签名和电子商务凭证的合法性予以确认；需要对电子商务凭证，电子支付数据的伪造、变更等做出相应的法律规定。

4. 有关农村电子商务的消费者权益保护的法律

网络交易中，消费者对商家信誉的信心只能寄托于认证中心和银行等。当商家不付货、不按时付货或者货不符实对消费者产生损害时，可由银行先行赔偿消费者，再由银行向商家追偿。如果商家屡次违规，银行可以取消商家的电子账号，并将违规情况通报给认证中心，情况严重时可以取消商家的数字证书，由此商家将失去开展电子商务的权利。

5. 有关网络知识产权保护的法律

网络对知识产权的保护提出了新的挑战，因此在研究技术保护措施时，还必须建立适当的法律框架，并在仿冒或欺诈等违法行为发生时提供有效的法律援助。

电子商务安全保障是一个复杂的系统工程，它涉及诸多方面，只有将技术措施、管理措施和法律措施密切结合起来，才能提高整体的安全性，保证农村电子商务的健康发展。

第四章　农村电子商务在农村建设中的实践应用

在我国目前的农村建设中推广农村电子商务，必须充分考虑现有的农业生产结构特征，从农民掌握的生产资料、文化程度等基本情况出发。本章分别从林果花卉产品、渔业产品、畜牧业产品及旅游产业四类产业产品发展阐述农村电子商务在农村建设中的实践应用。

第一节　农村电子商务在农村建设中的实践应用——林果花卉产品

一、林业企业开展电子商务

（一）林业企业电子商务的基本要求

1. 消除观念误区

对于当前的林业企业来说，有必要对电子商务相关概念进行适当科普，不可以单纯将其视为完全的技术解决对策，更应该及时把握机遇，不能等到完全保证单证传递与电子支付的安全性、统一全部行业标准之后，才在林业建设中考虑电子商务的应用，否则电子林业就会和先行产业之间拉开差距，由此失去许多发展机遇，错过发展的最佳时期。这并不代表在林业企业发展中加入电子商务成分的时机越早越好，还应该考虑当下林业企业的员工素质、企业资源、管理模式、前景需求、风险承载力及技术市场状况等各种各样的影响因素。总之，林业企业既不能一味观望电子商务动态，错失机遇，也不能急于求成，不加选择地应用信息技术。

2. 做好目标市场定位

林业企业应当把控发展的最佳时机，合理分析自身的目标市场，准确定位面对的顾客群体。服务对象及服务的覆盖范围对于企业运行来说是至关重要的两个当面，只有在这两个方面明确定位，企业才可以进一步决定接下来要生产哪些性能的产品、如何走向市场、借助哪些方式开展促销活动、怎样设计相关页面、主要强调产品的哪些特点等。相关人员必须意识到，网络销售是与传统单向营销模式不同的概念，它需要完成双向的产品营销，所以为了确立准确的目标市场，企业不仅要熟悉自身产品的主要性能，还应该详细了解网上用户的实际需求，向满足大众需要的方向发展。

3. 建立高效信息收集系统，优化资源配置

要想顺利地应用电子商务技术，林业企业应该首先建立一个具备充足效率优势的信息采集和分析系统，并在网站的设计和推广上加大投入力度，为自身树立一个良好的形象。数据库的建设和网站设计是两个相互关联的环节，因为只有采集了充足的客户与市场信息，并对其进行合理的分析，才可以实时掌握市场的需求变化，同时充分结合林业企业本身的经营条件，在网上收集相关评价，了解大众对自己的看法等。在此基础上优化自身的资源配置，降低成本，提升经营管理的效率，增加纯收益。

4. 提供优质的服务系统，建立稳定的顾客群

现代顾客对个性化服务提出的要求越来越高，依托网络平台设立的服务系统能够使顾客获得更加高效的信息查询工具。网络平台不受时间和空间条件的限制，能够不间断地与用户展开即时互动，帮助用户准确掌握最新信息，解答难题疑虑等，这些特点都能够极大地满足现代顾客的个性化业务需求。

（二）林业企业电子商务的发展阶段

林业企业电子商务主要包含两个方面的内容，分别是电子商务的功能与林业企业开展电子商务的自然发展阶段。根据这两个方面，可以把林业企业电子商务应用阶段划分为尝试阶段、整合阶段、战略阶段三个部分。

1. 尝试阶段

该阶段是林业企业电子商务的起步阶段，在尝试阶段林业企业会致力于拓展

自己的业务，进而开展一些主动应用的尝试，此外还有为数众多的第三方电子商务服务机构会广泛开展营销活动，由此对林业企业产生影响，实施被动性的应用。

主动应用和被动应用之间也存在共通性，两者都是在各种各样的免费或收费平台上公布供求信息的。目前为止，由于林业企业的宏观布局和绩效考核等都还没有将这种意识角度的应用正式纳入规划内，也不利于及时更新掌握的数据，以及便捷地追踪发布信息，这样一来很难充分发挥电子商务的价值和功效。

2．整合阶段

整合阶段在尝试阶段之后。在理想状态下，林业企业可以在应用电子商务技巧的短时间内见证其优势，获取一笔可观的收益，这时就会逐渐尝试在林业企业的各类业务环节中加入电子商务的成分，适当整合之后一步步深入。企业可以尝试在公司内部的情报收集、信息公开、客户资源分析、产品营销等领域发挥电子商务的作用。一般情况下，电子商务整体战略规划的不足是整合阶段企业最容易出现的问题之一，这类情况容易产生许多“信息孤岛”，不符合协作性的要求，难以发挥电子商务应有的整体效能，此外还可能导致林业企业中的业务同管理之间出现流程不协调的问题。

3．战略阶段

在战略阶段，电子商务在林业企业中的应用已经达到了最高的境界，也是最为理想的建设阶段。这一阶段的林业企业业务内容中充分融合电子商务技术，能够制定更完善合理的应用战略，借助一系列科学的流程，最终林业企业的传统工作借助电子业务更加高效地完成，从根本上强化林业企业的生产运营能力，在激烈的行业竞争中立足并拔得头筹。

（三）林业企业发展电子商务的优势

林业企业的主要经销商品是木材，这类业务比较符合网络营销的适用范围。林业企业和其他类型的企业相比有一个突出的优点，就是人员管理流程非常简便，员工结构的调整和个体业务员的管理操作起来都很容易，这样一来企业上下在接触新的营销观念时，都会比较轻松地接受，不会因为被传统的林业企业文化所制约而无法放开手脚，所以林业企业在更新经营观念上的效率是最高的，能够主动适应时代的潮流，与当今商业发展中的电子商务资源基础、客户积累基础相结合，伴随而来的必然是庞大的经济效益。在以上种种因素的促进下，很多林业企业都对电子商务技术充满期待，其中不乏已经着手尝试应用的企业。

目前，无论从哪个角度来看，电子商务都拥有着不可限量的发展前景，人类必将在不久的将来步入更加丰富多彩、日新月异的信息网络时代。许多专业人士都开始着手打造逼真的虚拟空间甚至是虚拟社会，新生的一代人会在极其发达的信息社会中成长，自然而然地产生网络消费观念，在日常生活的方方面面依托于网络。

对于现代人来说，电子商务依然存在很大的探索空间和建设空间，因为它会随着生产力、信息技术和社会观念的发展不断调整变化。如果电子商务应用中出现了有质的飞跃的新生技术，那么林业企业也应当顺应技术调整布局战略，制定更为新颖的策略，从而把握时机，跟随形势发展。

随着林业生产规模的扩大和需求的增长，全国范围内的林业系统都在调整管理结构，逐渐推进林权制度改革，从制度上为林业产业的稳定、持续与高速发展提供动力，同时林业企业也应当充分把握这一机遇，大力发展电子商务，在新时代使行业焕发新面貌、新生机。

（四）林业企业开展电子商务的对策

对于林业企业来说，如果希望有条不紊、按部就班地推动电子商务的推广与应用，必须首先对已掌握和潜在的市场有准确的认识，详细分析其他有竞争关系企业的领先特征，立足于林业企业的固有特征、行业规律及区域经济的发展条件，用全面的眼光观察和分析林业产业整体的现状，明确地制定有针对性的发展战略，在详细掌握多方条件的前提下稳步推进电子商务建设。

对于电子商务应用的投入与回报比例，应当制定一套系统化的评价标准，便于准确地判定回报率、回报期等经营数据。分析电子商务活动中交易额涵盖的占比，可以发现在当前林业企业运用的电子商务技术中，应用最为广泛的是第三方电子商务平台。如果详细分析不同平台的发展趋势，则最理想的应该是自建平台，原因是站点安排能够最紧密地联合其他业务内容，个性化特征最为明显。所以，对于林业电子商务业务的持续性运作来说，自建平台能够迅速地适应商业环境的即时变化，符合业务的多元化要求，并加强在线零售的供给，整体而言更符合发展的需要。

第三方平台还有一个优势，就是能够比较详细准确地划分业务范围，这一点适合开展区域性和国际性的商业活动，同时促进产业向融合化的方向推进。

总而言之，电子商务手段对于我国的林业企业发展建设来说，是一个非常有研究和开发意义的课题。要想做到这一点，林业企业要从实际出发，全面总结自身业务特点。如果企业已经开始尝试采用电子商务技术，但实践经验尚不充足，可以考虑发挥第三方平台的辅助作用，逐渐深入电子商务的实践活动，第三方平台应当具备服务品质优良、功能齐备、便于及时查看数据变化等优势。

二、果品行业开展电子商务

我国近几年来的果品行业发展势头强劲，电子商务更在其中发挥出了前所未有的作用，不仅为果品行业带来了无比鲜活的生命力和动力，更彰显了时代发展的特征，果品行业开展电子商务发展的趋势必将为整个行业带来更加充分的发展前景。

（一）电子商务在果品行业的发展现状

在果品行业中大量应用和推广电子商务的主要依据在于，让互联网和网络技术充分体现出自身优势，建设内容丰富的果品行业网站与相关企业网站，在顾客和商家之间实现信息流的双向流通。果农群体与水果的生产、流通、加工等企业借助网络及时沟通交流，同时在网络上发布企业产品信息，让客户随时获取所需的果品销售、运输和服务等信息。依据这样的技术基础，发挥 B2B 平台的运作优势，在网上完成营销和沟通等环节，之后在线下成交和支付，这样做的风险是最小的。此外，水果作为快销商品，其内在的质量需要实地判断，并且不同消费者个体的主观意愿差距也很大，因此商品的真实品质必须要在线下感官体验。

目前，我国全国范围内建立了 40 多家果品行业专业网站。在这些网站中，包括中国果品流通协会网在内的 5 家网站占据了农业 100 强网站的一席之地。水果专业网站不仅有面向全行业的综合性网站，还有针对不同类型、不同时令的单品种水果的专业性网站。另外，我国不同地区的农业网站都为水果产品推出了不同内容和规模的频道与信息专栏。适用于果品企业发展的电子商务类型应该是应用电子商务，基本上由大中城市的领先型果品企业和规模较大的批发集贸市场占据主体。当下，有些运销大户和专业合作社因为位于水果产量高的县或镇，所以也专门开设了企业网站，促进了电子商务整体框架的发展和完善。整体而言，电子商务在果品行业的建设程度尚不十分完善和宽泛，依然有着未知的发展前景和开发潜力。

（二）果品行业发展电子商务的必要性

1. 发展电子商务是突破果品行业发展瓶颈的需要

我国作为农业生产大国，自 1995 年起，每年的水果产量就一直高居世界各国的首位，果品行业的总规模与行业的发达程度由此可见一斑，但依然存在进一步提升生产能力的可能性。此外，现代社会，人们的消费水平越来越高，市场前景也越来越广阔。近年来也出现了许多新问题，如部分水果因品种等原因销量不佳，买方市场呈现明显的阶段性特征。造成这些现状的原因是多方面的，信息渠道的不畅通、商品供销角度的狭隘和流通的不便是形成问题的主要诱因。所以，将电子商务手段应用于果品行业，有助于最大限度地消除时空因素的阻碍，并在不久的将来持续加速果品市场信息的流通，扩大商流、资金流和物流的规模，提升信息传递的效率，为销售不畅形成的行业发展瓶颈带来突破的转机。

2. 发展电子商务是扩大出口的需要

我国近年来的水果出口量持续大幅度地提升，预计将在接下来的几年持续壮大国际水果市场发展规模，因为我国的出口水果在价格上和其他国家相比有着突出的竞争力，所以充分利用电子商务的优势，有助于更加顺利地将国内市场与国际市场对接同步，推动果品行业的持续发展。

3. 发展电子商务是节约交易成本、促进企业增效和提高企业管理水平的需要

部分企业借助电子商务手段节约了运营成本，降低了交易付出，并收获了理想的成效。果品生产企业着力打造电子商务业务，开办专门的企业网站，能够树立和宣传企业形象，使更多潜在客户接受企业提供的果品信息，产生网上洽谈的意向，这样企业就能避免出现以往派遣员工盲目调查市场的问题，节省运营成本，并扩大订单总量，扩宽企业的经营规模与客户范围。

（三）果品行业发展电子商务的难点

从已有情况来看，果品行业应用电子商务技术主要有以下四方面的难点：首

先，水果的产品性质相对特殊，对新鲜程度的要求很高，因此保鲜成本也比较高，变质产品会影响销路、缩减收益甚至影响企业形象；其次，果品的实际品质很难通过网络信息渠道确定，其实际质量、分量和口感都难以仅通过外观确定，因此对应的标准体系建设也比较困难；再次，目前各水果企业大部分尚未建设组织化的果品生产程序，效率不足，大部分商户依然采用逐家逐户的分散运营方式来生产和销售果品，这一点主要是受到农村信息技术普及率低的影响；最后，有很多企业没有充分建立的电子商务建设意识，甚至完全不了解该模式，并且受到许多实际因素的约束，如资金和人手短缺、技术水平不足等，即使有意向发展电子商务，也会被畏难情绪所影响和限制。

（四）果品行业发展电子商务的对策

根据我国果品行业电子商务建设的实际现状，可以提出以下对策。

第一，促进果品企业电子商务运作相关标准的制定和完善，大力实施和推广绿色果品 HACCP（危害分析与关键控制点）认证，对标准化生产提出更高的要求，着力建设产品与企业品牌战略，最好能够实现主要品种从生长、成品到包装的逐步程序标准化，并为实行电子商务建设提供理想的市场环境。

第二，大力促进果品企业实施电子商务实践，总结经验，在开展网上营销洽谈的同时依然保留线下成交支付等传统交易模式环节，各家行业组织可以彼此介绍相关电子商务经验，多进行行业交流，确保果品企业电子商务发展以一步一个脚印的形式推进。部分条件允许的企业还可以尝试通过电子商务技术来完成果品配送、“订单果业”等环节。

第三，果品行业要想更好地应用电子商务技术，可以考虑同网络 IT 业合作，共同发展，从而改善技术水平不足、投入成本欠缺等问题。我国的网络经济曾经承受过泡沫破灭的危机，因此逐渐转向同传统产业联合发展的方向，以保障行业的务实性。果品行业应该充分发挥传统的优势，如充足的发展规模与庞大的市场潜力等，从而为合作网络公司提供更多高价值的市场信息，帮助网络公司争取更多点击率与版面收益。在这期间，果品企业可通过信息技术开展“订单果业”，及时通过网络渠道发布和广泛传播本公司的信息，方便客户获取有价值的内容，实现网络公司与果品企业的共赢。另外，果品行业还有必要和各级政府的农业信息网构建密切的联系，因为政府平台的网络技术更加发达成熟，能为电子商务提供更有力的技术支持。

第四，农村和全体果农都是果品行业的建设主体，要想大力建设果品领域的电子商务，绝对不应该忽视这两个关键主体。要看重果品供销社等专业合作组织的作用，并予以大力提倡和协助，充分发掘协会与果品经纪人的职责，针对这两个群体开展专业化培训，提升相关人员的信息技术水平，实现电子商务技术的高效流畅应用，并借助这些基层工作人员，让电子商务活动的范围持续扩大，起到辐射带动的作用，引导广大果农群体参与电子商务尝试，更加充分地拓展和提升果品产业的品质。

三、花卉电子商务发展的途径

（一）花卉企业电子商务的发展分析

要想简化中间环节，节省不必要的运营成本，花卉苗木企业可以利用 B2B、B2C 等网络平台开展电子交易。不过在此之前，为了给花卉行业电子商务创造有利环境，应该先解决两个主要问题。首先，要促进花卉苗木生产的标准化建设。因为客户通过网络渠道与商家交流沟通，难以实地考察商品实物品质，无法直观评价产品的质量和外观等，所以可能承担一定交易风险，对产品乃至企业产生怀疑心理，为了解决类似的问题，相关部门有必要面向大众推出一个具有公信力的行业标准，为网上交易提供更多保障。其次，花卉苗木的运输流通。花卉苗木产品的性质比较特殊，有可能过早枯败，或者在运输过程中受到各种因素的影响而毁坏，因此提升运输过程的保险性、将花卉苗木及时且完好地转给客户也是一个亟待解决的交易问题。

不过，受到持续发展的科技水平和物流行业技术的影响，花卉苗木的运输流通困难问题也得到了优化和改善，使广大花卉企业能够安心运营。近年来，我国的花卉产业持续蓬勃发展，越来越多的行业开始与花卉行业开展合作，为花卉产业提供支持，从中获利。例如中国邮政逐渐扩大业务运营范围，前几年只提供花卉配送服务，近年来中国邮政渐渐开展接单业务，担负了花卉经销商的职能。目前，一部分大城市的公交车上还能够发现邮政鲜花礼仪等服务的宣传广告，如北京、上海、武汉等地。现在，有不少的花卉企业都专门开设了企业网站，然而这些网站都有一个普遍缺陷，就是尚未建设提供在线交易服务的平台，网站仅向客户与网民展示公司和产品信息等，从这个角度来说，花卉企业的网站建设依然有很充足的发展与建设空间。

（二）花卉企业联合建立花卉电子商务平台

目前，在信息时代的大背景之下，很多企业都尝试独自建立本公司的网站，以向更多潜在客户和网络用户宣传企业信息，展示企业的良好形象，其中不乏收效良好的企业网站。越来越多的花卉企业开始利用企业网站宣传企业形象，因此某个特定花卉公司的信息显得越发微小，也没有一定会被网民搜索到的十足把握。很多企业都和搜索网站进行合作，把自己公司的网站信息放在搜索结果的前列，尽可能地让搜索者最早发现有关自己的内容。这一目的的达成是要支付相应费用的，许多企业之间都会开展竞价排名，向搜索网站支付高额费用，这一举措会使得花卉企业的网站运营成本越来越沉重。

为了减少这种无意义的竞争支出，已经有很多企业共同尝试网络互助，合作成立了一系列综合性大型展示网站，不断有新企业加入网站的建设。这类网站的展示内容往往都是偏重某一个特定的领域（大部分是协助生产产品的公司开展区域性的合作），网站通过广告费、会员费等形式来营利，借助这些渠道来支付企业的建站费用。

（三）实体花店可在电子商务平台上开设店铺

无论是根据基本的商业理论分析，还是从实际情况来看，大部分的实体花店都会选择在人口集中、交通便捷的城市地段来经营店铺，同时花店需要为占地优势明显的店铺支付不低的租金成本，因此如果经营状况不佳，会面临入不敷出的风险。花卉不是生活必需品，甚至无法和一些文娱用品相比，所以销售量缺乏保障，在节假日以外的时间，行情很不稳定，销售量难以估量，所以许多花店经销商主要考虑的问题之一就是在非节日时间尽可能提升花卉销量、稳定行情。有不少以个体散户形式经营的花店，经营规模十分有限，自身的资本和实力也不十分充足，所以很难凭借一己之力打造店铺的专属花卉电子商务网站，甚至也没有能力和其他商户合作打造电子商务网站。但一些电子商务平台依然可以为这些小商铺提供服务，包括支持电子交易、联系快递公司等，帮助花店向消费者及时运送花卉商品，调整花卉业在非节假日期间的市场行情和消费模式，使其向更加合理、符合消费者和商家双赢的模式发展，将集中消费逐渐转化为日常性消费，让花农、花商群体不至于承担过重的经营风险。

（四）花卉企业通过网站发布电子商务信息

花卉企业发展花卉电子商务的途径，就是通过各类花卉行业网站发布电子商务信息，从而达到广泛宣传本企业花卉品种的目的。花卉企业可以安排专人选择在花卉行业的优秀电子商务网站上发布产品供求信息，在花卉论坛上发表花卉专业文章，在众多的花卉网站上做友情链接和广告窗口等。实践证明，利用花卉行业网站发布电子商务信息，是最方便、经济、有效、实惠的一种电子商务方式。

四、林果花卉网站建设

（一）林果花卉行业网站特色功能比较

谈到林果花卉行业电子商务，肯定要论及垂直行业网站，林果花卉行业因是交叉学科，涵盖的行业类别比较多，它涉及建筑建材、户外装饰、家居家饰、景观户外照明、喷泉、假山、机械设备、花卉种植、苗木、温室、肥料、农药、园林材料、艺术雕刻等。林果花卉行业属于高层次的消费，且行业具有特殊性，导致林果花卉行业电子商务发展处于初级阶段。

1．园林景观网站的侧重点不同

有的园林景观网站虽然比较注重设计方案及理论的学习，但是在园林资材、苗木材料、市场信息等方面的体现很少，总而言之侧重于咨询类、理论学习类等。此类网站的盈利点大部分在于网站资料下载和广告费用。有的园林景观网站，更加侧重于商务性，网站的咨询、信息、展会、行业理论等都是为了服务会员，为会员提供增值服务，这类网站大部分以广告费、企业会员产品展示费、会员网站制作费等为基础，并没有真正地实现完全的电子商务，处于电子商务的信息流阶段。不过此类网站也是现今园林景观网站的主流及盈利来源。

2．花木类垂直网站

花木类垂直网站更加侧重于某一个领域，把理论和产品做透，并且重视产品的区域性合作，盈利方式主要是广告费、会员费及企业建站费用等，网站处于电子商务的咨询信息流上，主要是靠行业信息汇集来增加人气。

3. 借助综合性大型网站进行电子商务

大型的比较成熟的电子商务平台汇聚了各行各业的行业咨询信息，也聚集了不少人气，许多林果花卉行业人士虽然在上面开设了自己的店铺，但是总的来说效果不是很明显，因为这些大型的电子商务网站信息量大，林果花卉行业的信息很容易被淹没在里面，不易查找。另外，要想做出名气，企业还要缴纳更高的会员费用及增值费用，效果不明显且费用高。

（二）林果花卉行业排名靠前网站分析

目前，在后奥运时代的影响下，林果花卉行业也必将借此机遇，充分发挥互联网的优势，带动行业产业向前发展。当然，有关行业网站的排名依据众说纷纭，不同的网站大全有不同的排名，也就是说同一个网站在不同的地方排名很可能是不一样的，这是因为每个网站的排名依据都不尽一致。

一个好的网站至少有三大指标是应该考虑的：一是网站点击率；二是网站内容深度点击率；三是网站的电子商务成交量。

林果花卉网站，首先是要有人打开首页浏览，然后根据网页栏目或信息题目做深度点击浏览，再就是开展电子商务活动。一个成功的林果花卉电子商务网站，最终是要进行电子商务活动的，因此网络上有“内容为王”“服务为王”“成交为王”的说法也许就是这个意思。

（三）网站的设计原则与建设目标

1. 设计原则

①明确建立网站的目标。

②了解顾客的需求与爱好。

③总体设计方案主题鲜明。

④网站的版式设计科学。

⑤网页色彩的搭配协调。

⑥网页形式与内容统一。

⑦多媒体功能利用合理。

⑧网站测试和改进方便。

⑨便于内容更新与沟通。

⑩合理运用新技术。

2. 建设目标

建立花木类网站与政务类和公益类网站不一样，其目标应该是以盈利为目的。电子商务类网站更是为了以电子技术为手段开展行业商务活动，为顾客提供服务，销售自己的商品，为来访者服务，培养潜在客户。

①为顾客提供良好的服务渠道和服务平台。

②销售更多的产品和提供更多的服务。

③向有兴趣的来访者展示信息。

④树立企业良好形象。

（四）网站的规划布局与栏目设置

1. 规划布局

规划布局是林果花卉网站建设首先必须做好的工作，只有科学规划和合理布局，林果花卉网站才会赢得顾客的青睐。

首先，要全方位开展市场调研，充分了解现有客户和潜在客户的意见，为企业的商务网站制定合理明确的发展目标。具体来说，在网站设计的初期时段，就需要一步步划分网站可能访问用户的范围、来源与人员构成，主要考虑因素有以下几点：第一，判定林果花卉网站的主题目标人群分布的大致地区，预判人群可能的人口结构。第二，尝试调查潜在访问者的互联网接触率，确保访问者已经接通了宽带，并为其直观快捷地访问林果花卉网站创造有利条件。第三，分析什么样的人会需要参考本企业的林果花卉网站所提供的信息。

其次，结合市场需求和企业自身的业务经营能力，明确林果花卉网站要展示哪些方面的信息，提供何种服务。在明确了网站的目标与服务人群之后，应该结合预判的访问者需要，详细地安排网络站点的构造，收集、整理和公布相应的企业信息。

再次，针对林果花卉这一主题，选择合适的网站类型和风格。

最后，林果花卉企业网络营销网站的建设。第一，林果花卉网站域名的申请；

第二，林果花卉网站建设所需的设备和网络的设置；第三，林果花卉网站的设计和开发；第四，林果花卉网站的维护。

2. 栏目设置

网站建设虽然没有固定的栏目设置要求，但作为一个林果花卉网站，以下十个栏目的设置是必不可少的。

（1）关于我们

详细介绍林果花卉企业的历史、背景、文化等。目前，有许多林果花卉企业网站，没有设置“关于我们”这个栏目，虽然顾客浏览了网站里的内容，最后却不知道这个网站是哪个企业的；有的网站虽然设置了“关于我们”，要么里面是空置的，要么是简单的二三行字，只根据简介完全不能了解这个企业的真实情况。

（2）最新动态

用于发布林果花卉行业动态信息、林果花卉产品促销活动等。在这个栏目，最容易犯的错误就是网站之间相互复制信息，没有原创内容，而对于确实值得转载的信息也要十分慎重，取其精华。

（3）产品展示

对林果花卉企业的产品进行详细的分类介绍，图文并茂。“产品展示”栏目是林果花卉网站的核心，一是要求展示的品种一定要做精，让顾客一浏览就有购买的欲望；二是展示的品种一定要有货源；三是展示品种一定要精选，不要什么品种都在网上展示，主次不分，新旧不分，会影响品种展示的整体效果。

（4）林果花卉种植

介绍林果花卉企业的种植、生产基地。这是一个关键栏目，可以让顾客深入了解林果花卉生产企业的实力和生产水平，吸引更多的潜在客户与林果花卉企业开展业务，因此这个栏目一定要做真实、做实在。

（5）林果花卉知识

主要介绍林果花卉的使用方法、林果花卉的文化、林果花卉艺术，是一个技术性、知识性栏目，对于普及林果花卉知识有很大的作用，最好聘请专家提供文章，也要注意与时俱进。

（6）服务中心

介绍林果花卉企业的销售、服务、配送等项业务。服务中心除有文字表述外，最好配上服务业务流程图，让顾客一目了然，与此同时在服务中心还要配备客服人员，随时解答顾客咨询的问题。

（7）友情链接

通过和行业外的企业网站之间的相互链接，增加林果花卉网站的知名度和网站排名，让更多的用户访问林果花卉网站。友情链接有两个原则，一是与行业网站交换，二是与现有知名网站交换，千万不要与一些毫不相干的网站相连。

（8）联系我们

充分展示林果花卉企业的销售网点、联系方式等。特别要提示的是，林果花卉网站留下的联系方式一定要能全天候打通，并留下能受理业务的电话。如果留下的是电子邮箱，一定要有专人每天负责回复邮箱里的信件，否则会适得其反。

（9）留言咨询

方便客户对产品疑问的咨询，实现与客户的互动交流。有了“留言咨询”栏目，就一定要有专家负责咨询接访，不要搞得一问三不知。顾客只有在消除全部顾虑后才会开展商务活动。

（10）供求信息

这个栏目，实际上是让林果花卉的供求者有一个发布信息的平台，同时可以为林果花卉企业的网站聚集人气，也可以通过这个栏目上发布的信息，了解当前市场动态和未来发展趋势。

第二节　农村电子商务在农村建设中的实践应用——渔业产品

一、渔业电子商务发展概述

（一）渔业电子商务现状

现阶段，我国渔业和互联网技术的融合情况较为理想，很多渔业网站都已经具备了可观的规模和齐备的功能。根据最新的调查结果，我国目前涉农网站共有3万多家，其中水产网站已达上千家，且这一数据还未计入渔业依托关联农业网站所设置的网页及专项栏目。从总的规模和数量上来说，渔业网站的建设局面十分繁荣，并且依然呈现持续扩张的趋势。

在我国渔业实现全面信息化的建设过程当中，渔业网站是必不可少的关键组成部分之一，它的演变进程就像其他行业的网站一样，一直都处在持续性的变化过程中，其间也会经历许多挫折，有大量网站停办、倒闭，也会有更多网站接替空缺，整个行业在起伏中波折发展。另外，受到信息内容、商户类型、网站经营者和管理者及创建目的等因素的影响，网站的多样性十分明显。

（二）国内外渔业网站的类型

1. 以创办者分类

第一，以农业农村部渔业渔政管理局主办、中国水产学会、农业部东海区渔政局、农业部南海区渔政局等为代表的政府部门建设的一批渔业网站，以及各地区的渔业主管局自行开设的渔业网站。政府部门设立的网站与其他网站相比，拥有许多显著的优势，如这些网站可以给出最为权威的政府统计数据，发布最新的政策法规，还可以方便地获取授权信息，在全国各地设置相应的行政组织机构，将业务范围扩充到最大。政府可以借助发文、行政指令等方法来安排网络信息，所以用户也能够非常便捷地在这类网站上发现大量行业新鲜资讯，直接咨询政务信息。不过，政府部门开设的网站也具有固有的缺陷，如它们的职能种类比较有限，一般是政府渔业主管部门的下属网络窗口，社会职能主要在于行使电子政务、行业服务之类。另外，这类网站的运行依赖行政指令的引导，甚至是硬性规定，所以工作起来有着较大的惰性，也没有十分充足的人力资源。总体来说，由政府开设的渔业网站更多地起到政策指导的作用，而非顺应市场的发展和诉求，提供网络增值服务等。

第二，各渔业行业协会、水产机构等也会开设各种各样的渔业网站，如中国水产流通与加工协会创办的中国渔网等。渔业协会与水产机构开设的网站主要优势在于，它们的信息资源相当充足，因为作为大型机构的主办者本身就掌握着许多下属协会会员，能够在全国范围内建立起一个完整庞大的组织体系，甚至可以在某些方面垄断行业信息，同时还可以向客户提供一定的行业服务功能，根据实际需要开展各种各样的会员服务，用会费作为网站运营的经费。另外，渔业行业协会和水产机构还能够借助网络渠道，设置更多的服务内容与网站功能，让客户获得更优质、全面的服务。较弱的市场化运作功能是这些网站劣势所在，未能掌握强大的网站技术力量，也没有专业化的研发和运行团队。假如网站的运行不合理，很有可能造成框架冗杂繁复，缺乏实质性内容，即使提出了可行的设想，也没有足够的支持者，不能及时更新网站所发布的信息与行业资讯。

第三，教育科研机构会从研究工作的角度出发，设立一些渔业网站，因为信息来源和经营者是教育科研机构，所以这类网站大都拥有强大的科研力量，在高素质人才、学科专业知识和信息资源上都掌握着其他企业网站所无法比拟的优势，科研机构网站公布的信息同样具有权威性。受到开发者自身需求和能力的制约，这些网站的市场化程度不高，不具备理想的商业运作能力，此外还会受到教育体制改革、科研机构转制等因素的干扰，频繁迎来机构人员的变动与经营费用的缩减，承受来自多个方面的压力。教育科研单位的主要强项及职责在于向大众提供公益性的信息服务，如果要针对渔业企业建设综合性的网站增值服务，依然有较大的难度，尚不能达到开展电子商务业务的程度。

第四，越来越多的渔业企业和民间组织都开始为自己量身打造水产网站。这些网站也在我国目前所有的渔业网站中占据着主力军的位置，总体规模还有不断扩大的趋势。企业与民间组织开设网站的最大意义是，为其自身打造一个渠道多样的网络窗口，把更多网络用户变成公司的潜在用户，宣传企业开发的各种产品。这些网站中也有相当一部分是企业为了更好地运行水产电子商务专门设立的水产网络咨询平台，这些个体网站最明显的优势在于，每家企业都拥有专门的产品和成熟的业务流程，对市场情况与动向十分了解，经营机制比其他单位都要灵活。它们一般缺少对行业内前沿科技的了解，信息资源支持不足，因此服务功能也比较有限，业务有一定的局限性，经营内容往往不是长期开展的。如果实际的成本支出过高，超出网站收入，则会对网站的长久运营产生不利影响。

第五，如果条件允许，个体经销户也会为自己创办渔业专题网站，并且类似形式的渔业网站的总数越来越多。个体户开办的网站一般规模有限，然而专业性要优于其他类型的网站，信息富于深度和个人特点，所以在业内也更容易获得认可与欢迎，假如这些网站得到了某种外力支持，便能够更为直观地面向市场，制定业务规划，提供更有针对性的服务。需要指出的一点是，相当一部分网站的开办者是出于个人爱好，或是从事有关的工作，为了更便捷地工作而创办渔业主题网站，经营内容可能有观赏鱼、中华鳖、河蟹等。个人经营的网站也有明显的不足，因为网站几乎由个人的力量支撑起来，所以会受到个人能力和见识、兴趣爱好、对事的责任心等因素的影响，有明显的随意性，不管是信息展示还是长期运营都不具备稳定性，抗风险的能力也比其他主体开设的网站都要差。

2. 以网站功能分类

第一，很多渔业网站都会提供一些综合性服务。综合性渔业网站的主要优势在于，它们的服务种类覆盖范围广、功能多，不仅可以设置各种各样的栏目，向用户展示渔业内的综合信息，且资料来源十分充足，服务性功能相对齐全。

第二，诸如大专院校、学会协会、水产管理机构及其他相关社会团体之类的渔业机构也会建立一些站点，这些站点就是所谓的渔业机构网站，它们提供的信息一般都围绕渔业政府组织、教育机构、渔业法规、渔业科技动态、渔业政策等方面。

第三，渔业学术研究机构也会打造一些渔业网学术站，这些网站通常都由常年进行渔业科学研究的机构或个人建立，拥有着超出其他同行的专业性，提供的信息也大都和研究项目、研究成果及相关资源等内容有关。

第四，一些渔业公司、企业经营水产自然也会建立专属的商业网站，向广大网络用户提供服务，如商贸信息咨询等，这些网站大多是盈利性的网站。

（三）渔业企业电子商务的应用

1. 渔业企业特点与交易流通现状

渔业企业虽然从信息时代背景下高速发展的电子商务技术中获得了不少商机与便利，但同样因为行业面貌的变革面临着新的竞争压力与经营挑战。渔业在农业整体中是一个基础产业，历史悠久、传统众多。大部分农业分支产业都拥有自己独特的行业特征，渔业行业自然也不例外，它有三个突出的特征：首先，渔业企事业单位在我国的分布相当广泛，又比较分散，受到行业特点的影响和制约，渔业的单位规模一般都不大，技术水平也比较有限；其次，渔业必须依托大面积的水域开展，有着突出的地域性特点，南北方企业共同构成了一种互补的模式；最后，因为水产品的保险要求高，所以在产品的储藏、运输等环节都提出了相当高的要求，严格地限制和规定生产和交易的时间。

2. 电子商务改造传统渔业企业

第一，在渔业企业中加入电子商务技术成分，能够有效地整合企业客户与供应商之间的关系，尽可能减少中介渠道的参与，让供应商同渔业的客户直接联系和接触，把产品的销售周期压缩在理想时段内，提升经营的效率，降低运营的成本。

第二，互联网技术能够帮助渔业企业在有限的时间内采集更多同行业竞争企业的经营信息、产品方向和发展策略，让本企业的营销方法表现出更强的针对性和规律性，提升企业的市场占有率，强化在市场中的立足能力与竞争能力。

第三，实施电子商务经营战略，渔业企业有希望将传统的物流、资金流等都转化为更为高效的信息流，在信息的灵活流动中合理地调配和使用资源，尽可能地减少时间因素与空间因素可能对物流造成的约束，另外帮助企业更加近距离地接触用户，实行自然而然的交互沟通。

第四，开展电子商务，渔业企业就可以借助信息技术手段快捷地掌握客户的实时动向与需求信息，把握国际与国内环境下渔业市场产业结构的调整与趋势，了解国内外市场的最新走向，及时了解并满足顾客的需求，进一步改进产品和服务内容。

第五，电子商务技术是一个帮助渔业企业改善和提升企业自身形象的理想途径，并在国际范围内为企业争取最理想的分工合作搭档，从而打造优质的国际名牌，借助品牌效应带动企业发展，寻求更宽广的海外市场，最大限度地提升国际竞争力，在领先整个行业的战略思维领导下把握先机。

（四）渔业企业电子商务模式选择

对于我国目前的渔业企业来说，B2B（business to business，企业对企业）模式是一个首要考虑的经营模式。所谓的B2B模式，指的是直接在企业和企业之间开展的电子商务。

这里我们将鲜活水产品作为实例来分析，这类产品的主要特征是产量不稳定、保鲜期限短、储存条件苛刻、运输麻烦等。尝试网上交易有许多优点，如企业有条件扩张贸易范围，并及时向客户公布产品信息，直接找到最理想的买家，减少交易的时间成本，降低交易总投入。之所以建议渔业企业采用这样的模式，主要是出于商务活动固有性质的考虑：在本模式下，交易双方的身份都比较清楚，是企业的传统商务关系与商务运作的延伸，此外信息基础也较充分，具体到任何一单上，交易总额都十分可观。传统模式下的电子商务主要面临三个难题——网上认证、网上支付和配送，B2B 模式能够强有力地突破（或者说尽最大可能回避）这三个问题。

（五）渔业企业电子商务实施目的

无论是什么样的水产企业，无论采用的是哪种电子商务模式，其最终目的是顺利完成交易。我国的电子商务行业目前仍处在起步阶段，无法满足用信息网络手段完成所有交易类型这一目的，所以如果渔业企业希望大量应用电子商务技术，首先应该立足实际，为自己打造一个完整的交易体系，并顺应渔业企业的普遍特征。为了实现这一目的，渔业企业可以先从收集用户需求和基本信息开始，建立一个实用的用户网上论坛，这样之后的种种交易活动就获得了信息基础。受到当前技术条件等因素的制约，电子商务依然会以线上沟通和线下交易相结合的方法作为主要运营模式。与部分重要交易环节有关的技术尚不够完善，如在线支付、货物配送、交易安全等，因此买家在企业的网站主页上查找商品信息依然是水产企业完成交易的主要手段，之后再借助其他信息手段（包括传真、电话、快运）等，辅助促成交易，或参与双方在线下直接交易。

二、渔业电子商务的发展前景

（一）农业类电子商务发展迅猛

对于行业网站的组建来说，专业信息、增值内容和商业平台是三个必不可少的部分，应该将这三者紧密地联系在一起，形成一个完整的网站体系，这样一来，电子商务中的互联网技术就能够更加充分地发挥固有优势，提供更为优质的信息服务，促进电子商务领域更深入地迈进实用阶段。

当前，我国许多行业的经营网站都呈现出了多样化的发展特点，大部分网站也已经初步构建了专门的产业部落。其中，与农业领域有关的网站总数已经超过了 3 万家，许多种类的行业网站初具规模，逐渐为网络经济构建起了基础性的发展框架。

总而言之，任何一个行业都致力于构建专门的网站，渔业当然也希望拥有专门的水产网站。大量的企业都在追求借助网站，在经营领域打开全新的发展空间，渔业自然也不例外。

（二）渔业网络经济大势所趋

在信息社会中，开设专门的行业网站、构造独一无二的电子商务平台、延展网络商贸范围是全体企业的共同追求。曾有业内人士预测：未来的任意一个行业，都会在网络技术的辅助下，朝着更广远的天地跃进。为了让渔业企业在网络经济的时代牢牢立足、发挥竞争能力，非常有必要在业内推广互联网络。这样做的根据在于：唯有企业能够借助网络渠道顺利开展自身所有的业务，把网络经营确立为企业的主体经营战略时，才能算是真正进入了网络经济的大环境。

（三）渔业电子商务市场巨大

我国的渔业消费市场供应充足，给渔业带来了不可限量的发展前景。我国渔业仍有一个比较明显的劣势，即从业者总数多，分布比较分散，掌握的技术不够先进，生产企业的规模也不大，信息交流不便，商品流通受阻，这些因素都严重地制约了行业的进一步发展。另外，还有一些和渔业有关的企业也存在着信息来源十分有限的问题，具体包括水产品冷冻加工、渔具渔机生产、水产食品、水产贸易企业等，这些都会制约业务范围的拓展。

渔业信息对于渔业的发展来说是必不可少的资源，因此整体需求量也十分庞大。如果能建立功能齐全、性能强大的水产网站，企业就可以更加方便快速地获取最新的渔业信息，最大限度地拓展交易渠道。

（四）渔业需要全新的经济模式

渔业网站的重要意义之一在于，它能结合渔业电子商务的实际需要，呈递高效的网络交易平台，打造一站式服务。在信息时代，网络经济作为一种新生事物，逐渐成为经济模式的主流发展方向，伴随而来的不仅是技术上的发展和调整，更包括某些前所未有的经营销售模式，人们的商业和消费思维模式也会在这样的背景下改变。从某种特定角度来分析的话，网络经济的实质等同于服务经济。

鲜活水产品作为流通商品的突出特点是保鲜时间短、产品易腐败变质、产量不稳定、运输条件要求高等。如果基于渔业网站设立的电子商务平台进行网上贸易，则渔获物的品种和规格等信息都能够发布在网上，供用户参考，从而拓宽贸易范围，联系直接买家，压缩交易总时长，节省交易的成本。所以，建设渔业网站的社会效益和潜在的经济效益都十分巨大。

三、网上渔市电子商务平台应用

（一）网上渔市电子商务的意义

渔业可以说是一个行业特点鲜明的领域，它的主要原料和产品都以鲜活水产品为主，在具体的商业活动中，对时效性的要求非常高，库存要符合高速周转的要求，经销与服务都应该足够即时。

在传统的渔业贸易模式下，生产者、购买者和销售者之间的联系是非常有限的，彼此之间要想直接认识和沟通非常困难。另外，不管是交易的哪个参与方，都很难掌握全面化的市场面貌和细节，所以也无法及时查看市面上水产品的整体质量、供应量和价格趋势等。如果发挥渔业电子商务平台的作用，就能够使得水产品交易朝着更加个性化、透明化、动态化的方向发展，有效地促进渔业的深入发展。

（二）网上渔市电子商务的风险

总体来说，系统、环境和市场是依托网络渠道开设渔市的风险主要来源。

在我国开展网上渔市电子商务有许多阻碍因素，其中的一个关键因素就是交易的信用问题。信用问题包括网上渔市上发布信息的真实性和可靠性、网上交易的支付信用的安全性和网络物流配送的及时性及准确性等。自古以来，人们习惯于一手交钱一手交货，网上渔市是一个虚拟的市场，既没见到人，又没见到货，就支付货款，会让人缺乏信任感。如果网上渔市要以第三方的身份提供一站式服务，首先必须符合开设会员、开通交易信用保障等服务的条件，让依托网上渔市所实施的交易行为获得有力的第三方担保，尽可能减少成员之间存在的交易疑虑。

（三）网上渔市电子商务的总体构架

网上渔市对大多数行业人员来说，都是一种十分新颖的渔业电子商务模式，发展前景非常广阔，能给行业带来巨大的收益。网上渔市的操作切不可操之过急，应该充分考虑网络环境和现实环境两种因素，不可因为过分强调技术和形式不去分析人们固有的交易习惯。目前，认可度最高的观点是留存传统的购买习惯、借助直接洽谈来促成买卖是最具有现实意义、可行性最强的方法。传统的交易大厅完全可以被网络沟通平台和计算机所完全取代，交易活动的全体参与方都可以从自己的需求出发，自由选择和使用不同的交易方法，让交易充分体现自主、透明、可跟踪性的原则。

四、渔业电子商务网站建设

（一）渔业网站建设的要求

1. 渔业网站的指导思想

充分彰显专业技能优势与信息人才优势，让更多从业者熟悉海洋、水产、生物等基础性知识，着力于提高国民的整体素质。

打造互动性强、功能齐备的技术论坛，支持参与者彼此分享学术见解，为行业的创新发展开辟全新的模式，促进专业进步。

建设网上渔业信息数据库，让所有业内人士及时获知行业动态，熟悉最新的企业、产品和商贸信息，还可以与政府、高校、研究机构、企事业单位等取得联系，进一步打入流通市场，妥善处理各要素之间的关系。

鼓励和促进各类电子商务活动的开展，通过完善的运行机制，让渔业企业和渔民群体获得完善高效的互联网服务，由此为渔业网络营销打开全新的局面，让更多的水产爱好者获得理想的休闲、娱乐、交流场所。

2. 渔业网站的基本目标

建成更多优质的渔业网站，要符合栏目多样、信息完备等要求，发挥“水产百科全书”的作用，为渔业从业人员及时获取相关水产信息提供更多便利条件。

网站应该具有基本的科普和教育功能，让普通大众了解渔业的运营规律和经营理念。

为渔业企事业单位重点打造互联网信息服务，支持开展各类电子商务活动，促进市场经济建设，带动整个渔业的发展。

3. 渔业网站的总体布局

第一，网站应包括渔业教育、科研、管理和服务机构板块，由四个栏目组成，分别是“政府渔业机构”“高等院校”“科研机构”“协会学会”，四个板块分别与不同的组织有所关联。

第二，网站要通过渔业资料、出版物、图谱板块为用户提供科普功能，可大致分为三个栏目：“渔业图谱”“渔业杂志”“资料数据库”。

第三，科普功能还可以通过网上教学和水产知识普及板块来实现，主要包括两个栏目，一是“网络学校”，二是“渔业趣闻”。

第四，网站需要设置行业动态和企业板块，该板块可分为三个栏目：“行业动态”“商情行情”“企业天地”。

第五，网站要包含一些相关板块，向用户展示一系列国内外主要渔业网站的链接，便于浏览者更深入地查询相关信息。

（二）渔业网站建设的方法

1. 渔业网站的建设流程

第一步，主办方应该明确建站的具体目的。渔业网站要让渔业者获得最新的渔业信息，从根本上带动渔业的发展，这是建网站最根本的目的。

第二步，选择恰当的网站性质。渔业网站可以大致分为四种：渔业机构网站、渔业研究网站、渔业商务网站及综合性渔业网站，这些是由网站自身的特点和目的决定的。

第三步，找到最理想的网站用户群体。网站具体栏目的选用和安排是由网站面向的用户群体决定的。

第四步，确定网站将要发布的主要内容。由于之前已经确定了网站的性质，因此网站内容应结合网站性质，合理体现侧重点。

第五步，为网站的建设制定明确的目标。网站的发展目标也是由网站的性质决定的，如果建立的渔业网站是一个综合性网站，那么其主要建设原则也应该体现代表性、权威性、综合性。

第六步，为网站设计一个合适的名称。一般来说，渔业网站的命名应该简单、明了、方便记忆，同时准确地反映出网站的性质和提供的服务。

2. 渔业网站的规范

（1）信息采编规范

网站所提供的信息应该科学、及时、权威、全面，这一原则是网站生命力的体现。网站如果希望牢固地立足并长效地发展，首先应该掌握从来源广泛的信息中选择并利用有效资源的能力，这是一个极其重要的基本运作原则。对于网站信息内容的规范、收集和发布流程，必须充分考虑不同板块的具体要求，明确相关人员的职责范围划定，并根据这些信息推出相应的信息收集和发布规范，确保信息的发布有源可查、有理可信，并保留数据存档，需要时可以找到明确的责任人。

（2）网页制作规范

从本质上来看，网页是传递信息内容的渠道之一。所以，其设计模式也应该充分彰显信息内容传递的要求，不能只追求先进的计算机技术和操作技巧，而忽略了信息的时效性和准确性等原则。网页制作并非小众业务，它的主观化和个性化程度都非常高，部分页面的设计还必须符合网站的性质和整体的风格。所以，要推出明确且细致的网页设计规范，规范内容应该详细到网页的布局、配图、字体、色调、容量、位置、分辨率等，从而让每一个页面都能最终实现个性和共性之间有机完善的统一。

（3）程序编写规范

网站建设的流程非常繁复，要求十分细致，建设者不仅要借助不同的制作工具来设计和运作网站，还要获得各种各样的链接前台与后台的支持，特别是以建设数据库技术为目的的编程。编程结果的规范程度直接关系着网站功能的发挥，以及系统的实际优化水平。只要编写程序，就必然会与功能模块的拆分和整合、多人的合作工作及这两者之间的完善改进产生联系，所以如果编程人员希望优化系统功能、避免重复劳动、提升工作效率，就应该首先制定科学的程序编写规范。

（4）网站管理规范

网站管理规范的意义重大，它保障着网站的信息安全、运行有序和高效机制。因此，应该针对网站监管、人员责任、设备运转、场所安全等专门制定科学合理的管理规定。网站的性质是“第四媒体”，具有向全世界全天候开放的特性，用合理的权限分配和管理记录来维系站点的正常运转，及时更新页面、上传时新内容，明确安全责任制和网站建设岗位职责。

3．渔业网站的推广

（1）网站互联

借助超文本链接，可以从一个网站便捷地到达另一个网站是互联网独有的魅力。在渔业网站部落中，寻找特定的渔业网站是人们普遍使用的方法手段之一。因此，加强渔业网站之间的互联，是网站互动推广行之有效的途径。此外，要重视和知名网站、综合性网站，尤其是渔业网站的互联。

（2）积极参加渔业展示会

出于经济发展的需要，渔业内每年都会有各种类型、规格的博览会、展览会、研讨会等，集中汇聚了国内外业界众多的生产、经营、科研、教育等人士，是高效率推广网站、快速提高知名度的好去处。因此，网站要根据自身特点，精选展示会，积极参与，并与其合作，利用各自优势相互宣传，共同得益。

（3）以研究促推广

通过加强对渔业网站的研究，普及互联网和渔业网站知识，帮助渔业从业人员掌握信息技术，使用信息资源，是提高网站知名度、推广网站的有力措施。此外，开展市场调查，参加国际、国内研讨会，在宣传网站科研成果和相关知识的同时，也能够有效地促进网站自身的推广。

第三节　农村电子商务在农村建设中的实践应用——畜牧业产品

一、畜牧业电子商务发展概述

（一）畜牧业电子商务发展情况

1．畜牧业电子商务发展现状

畜牧业是基础产业，我国主要畜产品的产量都位居世界前列。但畜产品市场波动频繁，价格大起大落，严重阻碍了我国畜牧业的健康持续发展，如何有效地解决买难卖难、实现产销有效对接一直是畜牧业必须解决的重大课题。电子商务迅速发展，将对畜牧业的流通体系、市场观念、管理方式、组织机构等方面产生巨大影响，为大而分散的畜牧业市场提供了一个全新的整合方案。

当前，我国畜牧业对互联网的应用还不太广泛，对畜牧业电子商务市场的培育，需要较长的时间。与此同时，还应该清醒地认识到，我国畜牧业的产品对农民而言，更多的是生产资料而不是消费资料，因此消费更趋理性，它不是仅靠一张说明书或者一则广告就可以完善并大面积推广使用的。

2. 畜牧业电子商务发展阶段

第一阶段，畜牧电子邮件阶段。这个阶段从 20 世纪 70 年代开始，平均的通信量以每年几倍的速度增长。

第二阶段，畜牧信息发布阶段。从 1995 年起，以 Web 技术为代表的信息发布系统，爆炸式地成长起来，成为目前互联网的主要应用。

第三阶段，畜牧电子商务阶段。之所以把电子商务列为一个划时代的东西，是因为互联网最终的主要商业用途就是电子商务。同时，也可以很肯定地说，若干年后的商业信息，主要通过互联网传递。互联网即将成为我们这个商业信息社会的“神经系统”。

第四阶段，畜牧全程电子商务阶段。随着 SaaS（Software as a service）软件服务模式的出现，各种软件纷纷登录互联网，延长了电子商务链条，形成当下最新的“全程电子商务”模式。

3. 互联网推动了畜牧业的快速发展

①互联网打破了畜牧行业交流的界限，成为畜牧行业从业人员解决问题的重要途径。通过网络，打破了行业界限，也没有了职位之差，使得行业内的沟通更加畅通无阻，这更有利于畜牧行业相关人员有效地沟通问题与解决问题。

②互联网增加了畜牧业链条上的透明度，使得整个链条上的从业人员都在提升自己的工作质量，以诚信为本。从产品效果到产品价格，网民之间很容易进行沟通和了解，这对生产企业和经销商来讲，都是一种新的挑战，面对新变化，只有诚信才是最好的选择。

③互联网提高了新技术、新工艺的推广速度。一项新产品、新工艺或新技术的诞生，常规方式是采用业务员推销加上行业报刊的广告方式来推广，需要较长

时间才能完成。互联网技术的兴起，彻底改变了这些传统的传播方式。

④互联网促进了畜牧行业从业人员整体素质的提高。在畜牧行业电子商务平台中，由于有各领域的一线专家为用户实时答疑解难，加上平台为用户搭建的文献数据库，使用户获益良多，有效提升了用户的综合能力，从而间接地促进了畜牧行业从业人员整体素质的提高。

⑤互联网技术对畜牧企业管理创新的贡献。在过去，畜牧企业网站多数是对外宣传的一个窗口。如今，许多畜牧企业把互联网作为提升企业管理效率的有效工具。

4. 互联网成为畜牧业信息主渠道

互联网成为畜牧行业重要的信息来源。在原料行情、市场行情、疾病流行等很多方面，这些信息及时并且更趋真实性，成为畜牧行业从业人员获取信息的重要渠道。

互联网已成为一种新媒体，对传统媒体的冲击很大。养殖户作为畜牧业的终端消费者，通过互联网可以了解到更真实的产品价格和市场需求。

（二）畜牧企业电子商务的发展状况

1. 畜牧企业发展电子商务的成效

我国畜牧业作为传统行业，能否和互联网这个年轻的行业更有机地结合呢？就我国目前的情况来看，部分农民的整体素质和文化水平与快速发展的互联网不相适应，在兽药、饲料行业中一些企业经营上的不规范导致企业信用缺失，而电子商务的迅速发展是建立在信用和信用保证体系的基础上的。电子商务是全球商业发展趋势，这种趋势也是势不可当的。

目前，在畜牧业的一些细分领域和企业，完全可以以更大的步伐进行电子商务的尝试，并率先实现电子商务应用，即在一些技术差异性较小、利润率水平差距不大的畜牧产品上，可以率先实现电子商务应用。因为，这些产品的大部分功效和价值已经被使用者熟知，在生产或销售商那里已经有相应知名度和美誉度的情况下，是可以广泛应用电子商务的，完全可以把业务员推广的部分内容发布到互联网上，通过电子商务推动畜牧业的快速发展。

2. 畜牧企业发展电子商务的障碍

一个产品或技术的推广需要依靠业务员，业务员水平会直接影响推广结果。

越成熟的产品对业务员的依赖性越低，成熟产品的销售更多是依靠品牌信誉度的积累和信息传递手段。

目前，畜牧业内的许多企业虽然已经开展了电子商务的建设，但发展规模和生产效果显然不够理想。许多畜牧企业，包括大型的畜牧企业，仍然沿用传统的思维方式，畜牧产品展示只是在畜牧企业网站上有一个简单的功能说明，其展示的资料过少，不足以使访问者获得满意的结果。

网络技术水平已经可以做到及时发现访问者并进行语音互动。遗憾的是，我国许多大型企业的网站，很久都不更新信息，有的还是过时的错误信息。

电子商务的先进性是它可以无地域、无时间限制地展示、沟通和交易，从理论上来说，它具有不可比拟的成本优势，可以节省大量的销售成本，如业务员薪水、差旅费等。

电子商务已经成为一种趋势，畜牧业部分领域也初步具备了电子商务化的基本条件，但网上交易却很难实现。这里面既有技术上的问题，也有观念上的问题，其实最大的障碍来自畜牧企业本身。

3. 畜牧企业发展电子商务的需求

互联网改变了人类的生活方式。在经历了新闻、娱乐阶段之后，互联网迎来了电子商务时代，电子商务受到世界各国的普遍关注，成为21世纪世界经济新的增长点。它引领的企业变革改变了传统意义上的交易方式，展现了信息技术的巨大力量，传统企业纷纷试水电子商务，以紧跟时代的发展。

作为新生的运营方式，电子商务具有得天独厚的优势和市场前景，很多中小企业正蓄势待发，寄希望于找准突破口，实现自我的电子商务化。一个中小企业的壮大与发展不仅基于自身的产品优势，还需依靠一个良好的商业结构和一个完整的盈利模式。在未来，互联网商务平台将成为中小企业内部最为敏感的神经系统，可以让中小企业以较低的成本进入全球市场，使其获得同大企业一样的市场资源，提高竞争力。电子商务破除了时空的壁垒，方便了中小企业的市场行为。

作为畜牧企业，只有充分利用国内外市场，借助网络手段，充分应用金融工具，扩展商业思维，企业才能蒸蒸日上；逃避新鲜事物，固守过去荣誉，企业定会被市场淘汰。事实证明，互联网正在成为企业开拓市场的有效途径。传统的商品流通过程是商品从工厂经过批发商层层分销，最后才到零售终端，出售给消费者。消费者为拿到商品，支付了大量的渠道费用。通过电子商务，工厂可以直接把产品出售给消费者，节省了大量中间渠道成本。

4. 畜牧企业发展电子商务的对策

企业科研人员，需要借助电子商务平台了解市场需求，按需研发新产品和改造现有产品。

企业技术专家，包括企业技术顾问、技术总监等人员。技术专家主要负责解决客户的问题，做好售后服务工作，提高客户的满意度。当前，许多企业都是聘请高校教师、畜牧相关协会理事作为企业的顾问，这些人身兼数职，只能在有限的时间内为企业提供客户服务。通过网络，这些专家可以将自己的科研成果、技术文章与企业产品使用方案相结合，整理出有价值的内容发送给客户。

企业营销管理决策者，包括企业董事长、营销经理。这些人决定着企业的品牌战略、产品研发战略、市场开发战略。他们必须经常观察分析市场变化，了解基层需求。通过传统的媒体杂志、政府通告获取这些信息，时效性差；通过网络，企业决策者可以实时了解市场需求，低成本、高效率地与客户沟通。企业信息化建设，就是企业了解市场能力、分析市场能力的提升，最终提高市场应变能力，从而根据市场需求，重点营销、重点研发新产品。

企业售后服务人员，包括技术员、各级技术经理。售后服务是畜牧行业的核心竞争力，关系到畜牧业能否稳定、健康发展。通过网络，企业售后服务人员可以向用户提供最新的技术资料，开展远程培训，解决养殖户技术缺乏等问题。

业务员，负责开发市场，其工作效率和成本控制是收益的关键点。如果业务员直接拜访客户，行车时间长、费用高，工作效率较低。兽药经销商和中小猪场经营者基本上都配备了电脑，通过网络沟通，向客户发送企业产品资料，效率高、成本低，又能及时满足客户的需求。

（三）畜牧饲料企业电子商务的应用

1. 畜牧饲料企业发展电子商务的优势

我国饲料工业经过 20 多年的快速发展，无论是生产规模的扩大，还是产品质量的改进和完善均已有了明显的进步。随着国内中小饲料企业的蓬勃发展和国外知名企业的大举进入，市场竞争日趋激烈。价格战、经销商争夺战、广告宣传战此起彼伏，企业各施高招，以期建立自己的竞争优势，在激烈的市场竞争中求生存和发展，这种竞争促进了现代饲料企业逐步向集约化、规模化、规范化发展。

2. 畜牧饲料企业电子商务的主要功能

（1）广告宣传

电子商务可凭借企业的Web服务器和客户端，在互联网上发布各类商业信息，客户可借助网上的检索工具迅速地找到所需的商品信息，商家可利用网上主页和电子邮件在全球范围内做广告宣传，且网上广告成本更为低廉。

（2）咨询洽谈

网上的咨询洽谈能超越人们面对面洽谈的限制，提供多种更为简便的异地交谈方式，主要借助非实时的电子邮件、新闻组和实时的讨论组来了解市场和商品信息、洽谈商业事务。

（3）网上订货与网上支付

电子商务可借助电子邮件交互传送实现网上订货，同时客户和商家之间可采用信用卡账号进行支付。

（4）服务传递与意见征询

电子商务能通过网页上的表单来实现服务信息传递和收集客户对销售服务的反馈意见，这样不仅能提高售后服务的水平，还能使企业获得改进产品、发现市场的商业机会。

（5）商业过程管理

商业过程管理涉及人、财、物多个方面，需要企业和企业、企业和客户及企业内部等多方面的协调和监督，电子商务的发展，将会提供一个良好的商业管理网络环境及各种各样的应用服务系统，保证商业活动的顺利进行。

二、畜牧业电子商务网站建设

（一）畜牧业网站建设的基本要求

1. 畜牧业网站建设的作用

在信息技术飞速发展的今天，电子商务几乎覆盖了所有行业。畜牧业做好电子商务，利用互联网传播速度快、传播面广的特点和优势，不仅能提高企业的生存和发展的能力，还能展示企业形象、企业文化，提升企业的影响力、竞争力，树立企业品牌，使企业立于不败之地。

2. 畜牧业网站建设的目的

一个畜牧企业要想建设网站，首先要明确建设网站的目的，如果企业建设网站是为了开展企业的电子商务，一定要按照企业电子商务网站的要求来规划设计网站、管理维护网站，只有这样，畜牧企业建设的网站才能发挥电子商务的作用。

（二）畜牧业网站建设的开发流程

1. 客户提出需求与方案制订

客户提出需求。客户通过电话、电子邮件或在线订单等方式提出自己对企业网站制作方面的“基本需求”。涉及内容主要包括企业介绍、栏目描述、网站基本功能需求、基本设计要求。

设计畜牧业建站方案。根据畜牧企业的要求和实际状况，设计适合畜牧行业的网站方案，是选择虚拟主机服务，还是自己购置服务器，应根据企业风格量身定制。

确定合作。双方以面谈、电话或电子邮件等方式，针对项目内容和具体需求进行协商。双方认可后，签署网站建设合同书并支付约定的网站建设预付款。

2. 网站域名申请与系统规划

查询申办域名。根据畜牧企业的需要，决定是国际域名还是国内域名。域名是企业在网络上的招牌，是一个名字，并不影响网站的功能和技术。

网站系统规划。网站是发布企业产品与服务信息的平台，所以网站内容非常重要。

3. 网站内容整理与网页制作

负责人员要定期整理网站内容，从畜牧业网站的现状出发，给出具有可行性的建设方案书，让客户整理出一份和企业网站栏目有所关联的内容材料，最后网站制作商会进一步处理、设计、排版、扫描、制作相关的文字与图片信息，这一程序要得到客户的积极配合才能顺利实施。

只要明确地推出了网站的内容与结构，相关工作人员就可以继续设计畜牧业网页的页面，开放相应的网站程序。畜牧企业的形象会很大程度地受到畜牧业网页设计的影响，一个好的网页设计，能够在信息发布的同时对企业的理念及宗旨做出准确的诠释。

4．网站审核发布与日常维护

网站会将制作好的内容提交给客户审核，之后在站点上发布。在相关人员设计制作、调整畜牧业网站内容并完整地开发相应程序之后，由客户审查核实，客户对网站信息完全满意后，再向畜牧业网站支付余款。

后期维护是畜牧业网站建设的重要环节。只要是正式发布并正常运作的畜牧业网站，就一定要有专人负责日常的维护工作，如果失去了常规性的网站维护，性能再强大的畜牧业网站也难以维系发展。

（三）畜牧业网站的推广维护

绝大多数人上网查询信息使用的都是搜索引擎，访问量最大的是各大门户网站。企业供求信息都集中在一些大型 B2B 电子商务网站，个人买卖商品都去一些大型 B2C 或 C2C（商务网站），还有各种专业的行业网站。因此，网站推广要让网站在各种搜索引擎中占据有利的位置，让人很容易搜索到，可以说能找到本网站都是一些准客户或潜在客户。另外，就是要把本网站信息放到一个能吸引用户注意力的地方，提高曝光率，获得较高的访问量，让企业通过互联网获得最大的效益。

第四节　农村电子商务在农村建设中的实践应用——旅游产业

一、乡村旅游的发展现状

近年来，很多地区大力发展乡村旅游，希望进一步强化旅游业对乡村振兴的带动作用，积极引导农民通过农家乐、民宿等形式发展旅游业，尽快实现增收致富的目的。乡村旅游凭借优美的环境、地道的美食、淳朴的民风，能够给人们带来舒适的体验，也给农民带来丰厚的收入。

（一）乡村旅游越来越受关注

溪边玩耍、融入自然、体验农耕、享受民宿、品尝美食都可以通过乡村旅游成为现实。现在乡村旅游已经成为新潮流，受到很多游客的青睐。乡村旅游产品也在不断增多，产业体系进一步完善，让游客可以拥有个性化、多样化的旅游体验。

第一，人们热衷于“生态型”生活。马斯洛需求层次理论把人类的需求划分为五个层次，分别为生存需要、安全需要、情感需要、自尊需要、自我实现需要，经济的飞速发展大幅提高了人们的生活水平，人们的生存需要和安全需要得到了满足，因此情感方面的需求便日益凸显，对旅游等娱乐项目的需求越来越大。

在这种情况下，游客的旅游经验越来越丰富，对于旅游体验的要求也逐渐提高。与之对应的是各类项目和观光旅游点相继开发，不同观光旅游点的同质化程度提高，全国旅游市场发展迅猛，旅游市场的竞争更加激烈。乡村旅游业能从中脱颖而出离不开两个原因：一是它“生态型”生活的吸引力；二是人们消费观念的转变为旅游市场带来的变化。

第二，乡村旅游市场逐渐成熟，形式丰富。对于乡村产业发展来说，乡村旅游发挥着不可忽视的重要作用。传统的乡村旅游注重乡村民情、礼仪风俗等的体验，游客的旅游体验集中在观赏、住宿这样单调的活动中。例如，观赏当地当季的农作物种植过程、体验耕作、观赏当地的自然风光、住民宿等。

如今，在政策的推动下，乡村旅游开始迅速发展。大量与乡村旅游相关的新概念与新理论开始涌现，如游居、诗意栖居、第二居所等。这些新概念与新理论丰富了乡村旅游的形式与内涵，将乡村旅游从日渐同质化的市场中解脱出来。乡村旅游市场日渐成熟，乡村旅游的形式也更能迎合游客与行业的需求，乡村旅游会越来越红火。

第三，乡村在互联网作用下形成“网红”经典模式。21 世纪的今天，人们的生活已经完全离不开互联网，以互联网为基础和载体的营销方式也逐渐影响到人们，同时对旅游行业起到了不可忽视的促进作用。过去人们旅游的目的是抵达名胜古迹所在处，然而在互联网高度发达的今天，足不出户就可以通过互联网对世界各地的奇观美景进行观看和了解，又由于直播和短视频的兴起，人们旅游的目的已转变为了体验各种网络热门特色。

目前，许多乡村也在借助互联网的传播功能，提升了自身的经济发展水平。与传统的广告推销相比，这种互联网营销的成本更低、范围更广、影响力更强，更适合那些愿意发展旅游业的乡村。

（二）乡村旅游具有一定的乡村文化磁场

走遍了名山大川，逛完了名胜古迹，乡村旅游已经成为越来越多人的新选择。乡村旅游是国内旅游的主要类型，也是推动乡村振兴战略顺利实施的强大力量。但与此同时，游客的旅游需求在进一步升级，感受农家乐、吃农家菜、钓鱼、摘菜已经无法让游客感到满足，人们更希望在乡村旅游中感受当地文化、愉悦自己的身心。

第一，乡村旅游愈发具有文化气息。让乡村充满文化韵味是吸引游客前往乡村旅游的金钥匙。丰富乡村旅游业内涵，有利于其长期可持续发展。例如，珠穆朗玛峰的文化理念为坚毅和冒险精神，这一理念自从确定以来便未曾有过更改，正是对理念的长久坚持，使得人们在提及挑战一词时，就会想到前往珠穆朗玛峰旅游。以此类比，一旦拥有文化理念，当地旅游产业就会具有独属于自身的特别吸引力。

类似的例子还有安徽省黄山市徽州区。黄山市徽州区历史悠久，文化内涵丰富。徽文化发祥于此，徽州区独有的传统文化体系包括徽派建筑、徽菜、徽剧等。此地古建筑和古代文化遗迹保存完整，且数目众多，有“文物之海”的美称。除此之外，非物质文化遗产如传统工艺（徽墨、歙砚等）、民俗文化（叠罗汉、徽剧等）、特色饮食（徽州糕点、茶艺等）在该地也有大量遗存。

上述文化遗产散落在徽州区各乡村。这是此地区有别于其他乡村旅游地区的最突出优势，是其乡村旅游业的核心竞争力。此外，该地域有着优越的自然生态条件，被誉为“乡村天然氧吧”。黄山市在发展该地区乡村旅游业的时候，从三点进行了旅游规划。

首先，结合当地资源状况进行开发。该地域拥有鲜明独特的徽文化，因此当地将乡村旅游发展同徽文化结合。悠久的徽文化、美丽的自然风光及优越的生态环境是此地域发展乡村旅游的重要载体。

其次，通过个性主题在同质化竞争中立足。从乡村旅游产品层面看，各村落的旅游区域都具有相似的基本功能，如住宿、观光、餐饮等。差异之处在于侧重点的不同，该区域结合乡村现实情况，成功提炼出了不同于其他区域的“徽风徽韵”主题。这种个性主题帮助该地域摆脱了同质化竞争，使黄山市徽州区顺利开展了深度乡村旅游。

最后，重点梳理、挖掘当地具有潜力的个性元素。该地域以市场需求为基础，将地域个性卖点进行深度包装，突出其主题与个性，打造能够吸引中间商、投资商和消费者的乡村主题旅游产品。

黄山市徽州区凭着上述三点，成功塑造了具有“文化味”的乡村旅游品牌。各乡村在发展乡村旅游业时，也可根据上述要点先行规划，确保自己的旅游产业能够有独特的文化理念，避免陷入同质化。

第二，观光农业使人们近距离接触大自然。观光农业是农村特色服务业项目之一，它的开发基于农业发展现状和特点。在发展农村观光农业项目时，要在满足观光农业功能的基础上，坚持以生态自然为本，统筹农村地区生态保护和经济的发展。

第三，民宿让人们体验原汁原味的农村生活。在政策、互联网等因素的影响下，农村地区和乡村旅游市场迅速发展。越来越多的游客有了探索农村、回归自然的兴趣和需求。“民宿热”就是在这个过程中兴起的。

民宿，顾名思义，就是当地居民利用闲置房屋为游客提供的住宿设施。这种住宿设施虽然面积不大，但能够帮助游客体验当地的自然环境与本土文化，且价格实惠，因此受到消费者欢迎。

第四，通过体验农事这种寓教于乐的方式来让孩子成长。20 世纪七八十年代的农村孩子很多都会做农事，这是属于过往时代的独特深刻记忆，然而如今生活在城市里的孩子，基本上没有机会做农事。对于现在的孩子来说，体验农事也可以获得快乐，并体会长辈和农民的辛苦，忆苦思甜，不再浪费粮食。农事体验服务的诞生不仅是为了推动农村地区的发展，对于当今还处于祖国花朵年龄的一代，也十分具有教育意义。

农事体验服务可以让游客体验种植养殖、加工生产等农事活动，还可以在劳动后对劳动成果进行品尝。在这个过程中，游客可以习得农耕文化与知识，也能对农业农村有所感悟。通过对农业劳动的体验，感受到生产的美好，劳动后的丰收喜悦是中国人自古以来最纯真，也是最质朴的美妙感觉。

第五，养老倾向健康养生。如今时代发展速度越来越快，人们的物质生活已基本得到满足，在此基础之上，人们对于精神生活质量的追求不断攀升。与此同时，需求的不断提高使得老龄人口渴望以健康养生作为养老方式。老年人在健康养生方面的旅游趋向和消费欲望较强，这是农村旅游业发展的新“高速公路”。

（三）形成乡村路由典型模式

乡村文旅是我国乡村振兴战略的重要方向和发展动力。我国历史悠久、疆土辽阔、资源丰富，特别是农耕文化在我国不同的地区形成了多样、独特、鲜明的风景线。当前，许多乡村围绕挖掘当地特色文化、综合利用特色景观，将传统乡村活动与休闲旅游相结合，创造出各种新的形态，在传承和弘扬农耕文化的同时，也为乡村创造了经济价值。目前，我国乡村文旅主要包括农业园区旅游、乡村文创旅游、乡村景观旅游等模式。

二、乡村旅游与电子商务融合发展存在的问题

（一）农旅基础设施薄弱

要想富，先修路，只有交通的便捷才能带来财富，这不仅是物理意义上的道路交通，互联网信息交通也必须四通八达且便利。我国目前仍有部分农村交通不便，在电子商务方面的基础设施建设力度不足，不能吸引旅游者前来，同时对于特色农村产品的传播也会产生极大的不利影响和阻碍。不仅如此，部分农村的网络基础设施不足，偏远地区基本没有网络覆盖，计算机更是无从谈起，农民使用互联网非常不便。如果农旅电商技术无法满足需求，就无法借助互联网对自身进行宣传，建设乡村旅游电子商务平台更是无稽之谈。要想实现乡村旅游电商的高速发展，就必须克服基础设施薄弱的困难，否则对乡村旅游业的发展有很大阻碍。

（二）对电商认识不到位

当前，城市加速发展的同时，部分农村仍存在众多问题。例如，教育理念和方式落后、基础设施差、人口众多，这些都阻碍了农村对计算机网络的正确认识。

教育落后导致农民素质较低，基础设施差导致农民无法接受新理念，受传统观念影响，无法真正信任电子商务，这对农村电商与旅游业的发展产生了不利的影响。城市高速发展、农村停滞不前的情况势必会导致城乡差距加剧，有关部门必须对该方面重视起来，采用新的方式与策略解决问题。

不同类型的农旅电子商务所涉及的参与主体虽然不同，但不管是何种类型，最主要的参与主体是村民。现阶段我国大部分村民对乡村旅游、电子商务等方面的认知及意识都存在不足。很多村民并未意识到乡村旅游资源的特殊性及宝贵性，没有保护特色自然资源的意识，也没有进行乡村旅游开发和建设的意识。电子商务虽然发展了二十多年，但是部分农村网民与其的接触时间并不长，便于他们接触到丰富、便宜和实惠的商品是他们认为的电子商务的最大优势，很多村民并不清楚到底如何通过电子商务的方式将农村的特色旅游资源、特色产品及服务营销出去。

（三）对环境依赖程度高

不同于传统的乡村旅游建设发展模式，电子商务是以现代信息技术和通信网络作为基础的，对环境依赖程度高。要实现乡村旅游和电子商务的结合，离不开环境与信息的支撑。作为电子商务的基础，信息基础设施薄弱势必会影响乡村旅游与电商的融合发展。因此，乡村旅游与农村电子商务融合发展离不开信息基础设施的建设和环境保护意识的增强。

（四）行业同质化较严重

由于技术壁垒门槛低，电商服务业内容、交易模式、营销模式等同质化现象日趋严重，一旦电商服务市场上出现某种模式的成功案例，就会出现诸多追随者。

在移动互联网时代，用户对内容的要求越来越高，早期的电商服务平台因内容的原创性和真实性获得了众多忠实的消费者。随后，大批作者输出大量内容，复制粘贴、批量生产的内容充斥着各大平台，互相抄袭的现象较严重。内容同质化使得用户筛选有效信息的成本偏高，对平台信任度有所下降。

（五）商业模式创新不足

现有的乡村旅游电子商务发展模式缺乏创新。根据现有乡村旅游电子商务的分类及其模式特点可以发现，乡村旅游电子商务主要是在传统旅游电子商务的基础上发展起来的，商业模式受到了传统旅游电子商务模式的局限。尤其在业务模式、营销模式、技术模式及盈利模式等方面都存在一定的局限性。在业务模式方面以信息服务和旅游相关产品的交易服务为主，缺乏基于信息服务和旅游服务衍生出来的其他增值服务，如乡村旅游的综合性服务和个性化服务等。在旅游营销方面，传统的乡村旅游电子商务主要采用网站宣传，对社交媒体和新媒体的营销方式采用较少，采用新媒体和社交媒体方式的乡村旅游宣传又脱离了乡村旅游电子商务平台。现阶段，乡村旅游电子商务的技术仍然以PC端的网站建设为主，缺乏App、小程序及公众号等多种形式的系统开发和展示。在盈利模式方面，大部分乡村旅游电子商务的盈利模式较为单一，主要继承旅游电子商务的盈利模式，缺乏自己的创新性。

（六）消费者参与程度低

消费者的参与是乡村旅游电子商务发展的关键，现阶段乡村旅游电子商务的消费者参与度较低。大部分旅游者虽然愿意到乡村去旅游，但是很多旅游者并不知道乡村旅游的电子商务平台有哪些，以及乡村旅游电子商务平台上信息的可信性。更多的消费者倾向于通过第三方平台来查找、搜集乡村旅游的相关信息，购买乡村旅游相关的景点门票、预订住宿及购买农特产品等。一方面是因为很多乡村旅游电子商务平台以信息服务为主，另一方面是因为大量的乡村旅游电子商务平台的宣传推广不足，很多消费者并不了解这些旅游电子商务平台，此外，哪些因素会影响旅游者参与乡村旅游电子商务，也是乡村旅游电了商务发展要研究的关键问题。

三、乡村旅游与电子商务融合发展的策略

（一）加强农村基础设施建设

首先，地方政府要加大扶持力度，不仅是资金上的帮助，相关政策实施也要加快。只有将基础设施修好盖好，道路通顺、四通八达，停车场数量足够，才能保证车辆顺利通行，保障行车安全。要想富，先修路就是这个道理。

其次，加快在偏远地区农村的无线互联网覆盖建设，要保证游客可以在旅游过程中的任何地点使用互联网，村民同样可以乘上互联网这条“高速公路”，对自身生产的农产品进行宣传和销售，加强与消费者和物流行业的沟通。

最后，要注重农村环境的优化工作，道路清洁是重中之重，并在此基础上多建设公共厕所和公共娱乐设施，统一管理基础设施，大力优化乡村环境来满足游客和居民的基本需求。

（二）促进电子商务在旅游营销中的应用

纵观国内乡村旅游的发展，总体来说，随着居民生活质量和消费水平的提升，更多的人走出了家门并愿意参与到各类的旅游当中，国内旅游市场的规模越来越大。近几年，乡村旅游的发展速度日益加快，体量也越来越大，乡村旅游已经成为旅游业的重要组成部分。面对游客市场需求不断更新和选择日益多样化的趋势，消费者对乡村旅游的要求也越来越高，目前乡村旅游在项目策划、活动安排、营销手段和营销策略上都存在较多的问题，缺乏市场规划和整体营销策略。

首先，要提升管理者在电商方面的认知水平。认知对个体的影响效果极其重要，在电子商务方面也不例外。在乡村旅游资源营销中，旅游业管理者只有加深对电商的认知，提高管理水平，才能促进电子商务应用。可以从国内外先进的旅游景区开始学习，多关注优秀景区的电子商务动态信息，从中攫取经验来提升自身认知水平。除此之外，在乡村旅游资源营销中，要对自身此时所存在的问题有清晰认知，针对当前所处阶段和面临的困难，积极学习调研，寻找解决方案。

其次，要重视宣传教育，加强宣传力度，优先进行旅游电子商务的普及工作。以当前电商平台模式为基础，成立网络旅游产业。经过一定程度和时间上的改善和发展，逐步使其满足消费者需求，建设方便游客进行网络消费的自助电商平台。可以采取链条模式建设电子商务平台，从游客出发，到游客群组团，再到目的地；从机票出发，到目的地酒店，再到旅游景点门票形成链条模式，一次性满足游客需求，同时要制定好规则以便管理。电子商务平台可以将旅游产品进行有机结合，如特色旅游、主题旅游、近郊旅游等。分析不同人群的不同喜好，有针对性地制订旅游计划，推荐最合适的旅游路线。电子商务平台成功建立后，应定期进行网络维护，保证平台的持续运作和健康运行，同时需要加强与客户之间的联系，通过提高自身服务质量的方式来吸引、留住客户。除此之外，不应局限于固定的营销模式，需不定期开办活动吸引消费者并宣传自身。

再次，政府要对旅游电商环境建构给予帮助。建设电子商务平台绝不是独自就可以完成的事情，社会和政府的帮助起到了极其关键的正向作用，可以说平台建设离不开政府的支持和帮助。为建构优秀的旅游电商环境，政府需规范旅游电子商务相关法律法规，将弄虚作假、损害消费者权益的劣质企业淘汰掉，同时积极奖励高质量的优秀电商企业。旅游体制需要改革和创新，旅游产业链需要更多的新鲜血液。企业在经过完善之后，需要政府的支持和帮助，在人文风景的基础之上，宣传出行、居住、娱乐和购物合为一体的旅游链条模式。除此之外，要结合乡村文化本身具有的人文风景，建立特色化、多元化的旅游方式。

最后，要将电商平台建立成专属乡村旅游的平台。乡村旅游管理者可以学习国内外先进经验，打造专属乡村旅游的电商平台，提高电子商务平台的服务质量，满足旅游者需求，从而提高游客对电商平台的服务满意度，展现乡村旅游资源营销中电子商务的价值。

（三）线上支付与线下体验相结合

互联网已经成为人们离不开的生活、生产方式，它既是一个交流的平台，也是一个消费的平台。互联网具有共享性、实时性、高效性和开放性等特点，它形成了互联互通、大数据和高流动开放的有机生态圈，它的迅速普及改变了人们的生活方式。“互联网 +”则更加贴近消费者，通过分析互联网所收集的信息数据，能够快速优化产品和服务，提供更人性化的消费体验。乡村旅游通过融合互联网，整合互联网技术和思维，实现乡村旅游的创新，用互联网的思维运作旅游项目，通过强大、即时、开放、精准的互联网数据资源，全方位地整合各类信息资源，根据消费需求创新性地开发传统乡村旅游项目；通过互联网技术和理念提升乡村旅游项目价值；通过融合电子商务，实现线上支付、线下体验；结合“互联网 +”，拓展乡村旅游的各类新型营销方法和手段，带动更多的人流、商流和信息流。

（四）以数智化旅游为基础发展电子商务

乡村振兴战略的实施带动了全国各地乡村文旅产业的发展。漫步在乡村，随处可见生机盎然的美丽画卷，时刻能够感受到历史文化的洗礼和科技带来的新体验。“数智化转型”成为近两年互联网的“热词”，给乡村振兴装上了“数智引擎”。物联网、大数据、人工智能、5G、VR、机器人等技术变革纷至沓来，开启了数字化、智能化乡村文旅发展的新征程。从田园美到科技美的跨界融合，科技进一步融入了乡村文旅的各个方面，“商旅文联动＋互联网”“乡村景区＋现代科技”“文旅小镇＋数智化”等已经成为数智化乡村文旅资源开发的重要路径。

1. 构建数智化商旅文联动模式

商旅文联动模式就是“以商业为核心、以旅游为驱动、以文化为内涵”的联动模式。它们利用各自的经营优势相互渗透、共同发展。我国蓬勃的数字产业生态推动着乡村文旅在游前、游中、游后的数智化联动。

游前，县域及乡村可联合相关影视制作、赛事策划等单位，推出有关乡村特色文化、优美的自然景观、原生态的乡村生活方式和生活内容的影视作品与宣传视频，并利用互联网平台发布，传播当地IP，形成基于旅游IP的产业链，通过宣传将衍生出的大量IP进行商业化的开发；游中，陆续推出以乡村文化和旅游为主题的数智化景区和度假区，通过定制化、个性化、特色化旅游产品的搭载，打造沉浸式的智慧旅游新模式，让游客可以深度互动体验；游后，则通过提供特色创意产品，如相关电影纪念品、AR手绘地图等乡村纪念品，提升服务质量，提高游客黏性。以数智技术为代表的先进技术或理念涌入乡村，可以对天然古朴的旅游资源进行加工和设计，形成具有当地特色的旅游观光、体验产品或可直接售卖的旅游附加产品。游前、游中、游后的联动既能提高游客的旅游体验，增强游客与大自然的互动，又能带动乡村文旅产业的发展。

商旅文联动模式通过乡村文旅数智化平台规划和整合了乡村所有的旅游资源，将商业、旅游、文化融为一体，实现数智化的商业运营管理，将游前、游中、游后的商旅文环节有效整合和优化，提高运行效率。

2. 打造数智化文旅小镇

乡村文化是农民在长期从事农业体力劳动和生活的过程中创造出来的物质成果和精神成果，是乡村历史变迁的印证。以传统民俗、民间文化为基础的文旅小镇正焕发出新的魅力。

数智化文旅小镇是将一个地区的乡村特色文化元素和精神风貌与数智文化产品相结合，提高当地文化的科技感与体验感。这一过程首先通过文创挖掘、传承和提炼，形成本地特色文化，然后依托游戏、影视、动漫、VR 等新兴媒体，打造一系列具有当地民俗特色、地域文化特点的数智化文旅小镇。数智化文旅小镇具有形象展示、生动诠释的传播优势，将更加有效地展示当地文化特色，更加深刻地让游客感受到当地文旅融合发展的魅力。

第五章　农村电子商务的发展现状与对策建议

发展农村电子商务能够推动农村各个产业之间协作发展，从而提高农民生活水平，促进农村现代化建设。本章分别阐述了农村电子商务的发展现状、农村电子商务发展存在的问题及农村电子商务的发展建议。

第一节　农村电子商务发展现状

一、农村电商市场进入平稳增长期

商务大数据监测显示，2021 年全国农村网络零售额 2.05 ① 万亿元，占全国网络零售额的 15.66 %，同比增长 11.3 %。2022 年上半年，全国农村网络零售额 975 9.3 亿元，同比增长 2.5 %。其中，农村实物商品网络零售额 8 904.4 亿元，同比增长 3.6 %。

分品类看，零售额前三位的品类分别为服装鞋帽针纺织品、日用品和家具，分别占农村实物商品网络零售额的 29.41 %、18.55 % 和 7.77 %。增速前三位的品类分别是电子出版物及音像制品、中西药品、书报杂志，同比增速分别为 90.3 %、62.6 % 和 42.7 %。

二、东部地区是我国农村电商的主体市场

分地区看，东部、中部、西部和东北地区农村网络零售额分别占全国农村网络零售额的 78.7 %、13.0 %、6.5 % 和 1.8 %，同比增速分别为 10.8 %、15.1 %、9.4 % 和 12.5 %。

分省份（自治区）看，浙江、江苏、福建、河北和山东农村网络零售额排

① 本节数据来源中国国际电子商务中心发布的《中国农村电子商务发展报告（2021—2022）》。

名前五，合计占全国农村网络零售额比重为 74.0 %，零售额前十位省份合计占比为 89.8 %。从增速来看，海南、宁夏、江西、新疆和广东同比增速位列前五，增速在 20 % 以上。

三、农产品网络零售增速放缓

商务大数据监测显示，2021 年全国农产品网络零售额 4 221 亿元，同比增长 2.8%。2021 年农产品网络零售额增速减缓的主要原因是部分新平台、新模式未纳入现有统计范畴。

分品类看，零售额前三名的品类分别是休闲食品、粮油和茶叶，分别占农产品网络零售额的 20.0 %、15.4 % 和 11.5 %。增速前三位的品类分别是奶类、茶叶和调味品，同比增速分别为 29.9 %、11.8 % 和 11.5 %。

分地区看，东部、中部、西部和东北地区农产品网络零售额分别占全国农产品零售额的 64.7 %、15.4 %、14.4 % 和 5.5 %，同比增速分别为 5.7 %、−5.5 %、1 % 和 −0.7 %。

分省份（市、自治区）看，广东、浙江、上海、北京和山东农产品网络零售额排名前五，合计占全国网络零售额比重为 48.9 %，零售额前十位合计占全国农产品网络零售额比重为 74.0 %。从增速看，甘肃、天津、西藏、新疆和云南同比增速位列前五，增速在 10 % 以上。

四、农村电商支持政策持续强化

党中央、国务院高度重视农村电商发展。2021 年发布的《中共中央 国务院关于全面推进乡村振兴加快农业农村现代化的意见》中提出：“加快完善县乡村三级农村物流体系，改造提升农村寄递物流基础设施，深入推进电子商务进农村和农产品出村进城。”2022 年发布的《中共中央 国务院关于做好 2022 年全面推进乡村振兴重点工作的意见》中提出：“实施‘数商兴农’工程，推进电子商务进农村。促进农副产品直播带货规范健康发展。”在顶层设计方面，《“十四五”电子商务发展规划》明确要将“电子商务与一二三产业加速融合，全面促进产业链供应链数字化改造，成为助力传统产业转型升级和乡村振兴的重要力量”。商务部积极推动电子商务进农村综合示范项目建设，2021 年新增支持 206 个县（包括 26 个脱贫县）。累计建设县级电子商务公共服务中心和物流配送中心 2 400 个，村级电商服务站点 14.8 万个，带动 618 万贫困农民增收。商务部实施“数商兴农”行动计划，聚焦“三农”，发展农村电商新基建，打造农产品网络品牌，培育直播新农人。农业农村部出台《关于加快农业全产业链培育发展的指导意见》，提出“加强农村电商主体培训培育”“实施‘互联网 +’农产品出村进城工程”“发展直播带货、直供直销等新业态”等。

五、农村互联网覆盖率进一步提升

2022 年 6 月，我国现有建制村已全面实现“县县通 5G、村村通宽带”。建制村通光纤比例从不到 70 % 提升至 100 %，平均下载速率超过 100 Mb/s，基本实现与城市同网同速。农村地区互联网普及率进一步提升。据第 50 次《中国互联网络发展状况统计报告》显示，截至 2022 年 6 月，我国农村网民规模为 2.93 亿。农村地区互联网普及率为 58.8 %。

六、农村物流配送体系建设取得新进展

农村物流网络日益完善，邮政营业网点实现了乡镇全覆盖，建制村全部通邮。“快递进村”比例超过 80 %，交快、邮快、快快等合作进一步深化，共同配送、客货邮融合等新模式不断涌现。据国家邮政局数据显示，2021 年农村地区收投快递包　总量 370 亿件，带动农产品出村进城和工业品下乡进村超 1.85 万亿元。2021 年，我国农村电商物流指数保持平稳增长态势，全年均高于电商物流指数。

七、冷链流通基础设施建设不断推进

在政府和市场的共同努力下，全国冷链物流基础设施持续完善。截至 2021 年底，全国超过 70 % 的农产品批发市场建有冷链设施。为推动冷链流通企业的健康快速发展，商务部会同国家标准委启动了农产品冷链流通标准化试点示范工作，重点围绕肉类、水产、果蔬等生鲜农产品，确定了农产品冷链流通标准化试点企业和试点城市。电商企业积极参与下沉市场数字化基础设施建设，优化传统的农产品供应链模式，助力农产品向外地销售。

第二节　农村电子商务发展存在的问题

一、对农村电商认识不清

互联网及电子商务的发展趋势是从城市走向农村，2003 年以来，电子商务在城市出现了井喷式的发展，从 2015 年才开始走向中国的农村，各大电子商务平台都开始关注并全力拓展农村电子商务市场，从城市走向农村，同步开展新的“上山下乡”的农村电子商务发展战略。由于我国农村有着几千年传统的生产、生活方式，加上自身的局限性，因此包括农产品在内的生产销售大多以个体进行，产品的品控保证、溯源无法追踪，加上整体的硬件设施（包括网速、物流、冷链）无法实现农产品通过互联网特别是众多电子商务平台销售到各地，因此农村电子商务步入了一个怪圈，“长短腿”现象严重，其中“工业品下行”发展迅速。相对各类资源，包括电子商务平台，对于“工业品下行”投入的资源更多，“农产品上行”投入的资源较少，从而造成“农产品上行”增速缓慢，对于乡村振兴和农村产业发展，“农产品上行”尤为重要。在全国上演工业品“下乡”大戏中，很多县域乡村没有深入了解电子商务这个新商业模式的本质，也无力做好县域农村电商的顶层规划，只能跟着电子商务平台被动地发展农村电商，对于自身县域如何融入互联网、如何发展电子商务、如何选择和培育农村电子商务行业的主体、如何选择自身的产业及农产品、如何培育和引进电子商务专业人才、如何提供政策支持和服务都缺乏思考，往往不成系统，只能零星地开展电子商务行业。

当前许多乡镇的村干部、村民对电子商务的了解不足且不精确，大多数人会觉得互联网就是“上网”，电子商务就是“上网买卖东西”，只要把产品放在电子商务平台销售就可以了，没有真正理解电子商务本身的含义、特点、商业模式和运营模式。也有人说，网络和电子商务是都市里的人操控的，是高科技工作，农民无法从事电子商务的农产品销售。一方面，农村的硬件设施特别是网络通信设施、交通设施、冷链设施和溯源技术比较薄弱，部分偏远乡村和贫困地区的网络通信设施、交通设施、冷链设施和溯源技术达不到发展电子商务的基础设施要求，整个农村电子商务发展产业链缺乏相关节点的电商配套机构和公共服务，城市中大量存在的电商创业园区和孵化基地没有在乡村落地，大部分乡村没有相关服务，村民单兵作战，物流成本过高，因而力量薄弱，没有形成电子商务发展的“集聚效应”。

另一方面，农村电商创业者技能不足，绝大部分的农民和返乡青年虽然了解电子商务，特别是返乡青年大多有过在电子商务平台购物的经历，因此对电子商务及电子商务平台买卖商品并不陌生，但是仅停留在了解和参与电子商务平台购物这个层面，即使有很多的农民和返乡青年对于在电商平台创业或者销售农产品有较大的期待和向往，也仅停留在向往和期待的层面，对于如何真正进行电商平台创业却无从下手，电子商务的具体商业模式的真正内涵很少有人能够了解和掌握，至于如何在电子商务平台运营和推广产品更是无从谈起。随着电子商务的深度发展，从事电子商务创业的主体由初期的以个人创业为主发展到现在的以团队创业为主，电商平台销售和创业的难度与日俱增，越来越多的电商平台需要创业者掌握更多的电子商务专业技能。运作电商项目除需要掌握整个电子商务运营的流程人才之外，还需要电子产业链中的专才。包括选品、网络品牌创建、供应链整合、摄影摄像、美工、视觉设计、仓储和物流等专才，许多农民和返乡青年没有掌握这些相关技能，没有品牌意识、品控思维、资源整合能力及整体运营思路，对于自身运营产品的定位不明确，不了解消费群体的喜好，等等。

二、农村电商的服务体系不健全

农村电商发展出现“长短腿”的主要根源在于电商发展基础薄弱，没有成熟的电商发展主体，没有完整的电商生态圈，没有专业的电商服务机构，没有能够发挥电商“集聚效应”的农村电商创业园。在作为农村电商发展主体的农民和返乡青年大部分没有掌握整个电子商务运营的流程及整个产业链节点相关技能的前提下，要发展农村电商，就必须提供相应的电商服务，通过建立完整的电商发展生态圈，提供完整的电商服务来弥补。从政府层面来讲，在做好农村电商发展顶层设计的同时，还要在政策、资源的整合上投入更大的力度，通过行政手段促进农村电商的发展。我国大部分农村地区还没有建立起完善的网络营销服务系统，农村电商服务发展相对落后，在软件开发、仓储快递、冷链物流、营销运营、摄影美工、追溯防伪、人才培训、金融支持等产业链环节缺乏优秀的电商服务企业，目前我国的电商企业在规模上无法适应我国农村电商发展的要求。农村地区的物流服务供应商数量少、服务品质与服务价格不匹配，这些因素都影响了消费者的购物体验。此外，农村地区电子商务培训、代运营、摄影美工等服务不够完善。当前，我国农村电商发展的速度慢，已经成为制约我国农村电商综合竞争力的重要因素，迫切需要构建本地化、开放共享、线上线下结合、上行下行贯通的农村电商服务体系。

三、农产品的供应体系链不健全

随着我国消费者从解决温饱到追求个性和产品品质，顾客的需求层次已经有了一个质的提升。更多顾客的产品需求体现出个性化特征，喜欢质优价廉，特别是凸显本地特色的农产品。一方面，需要销售的农产品不仅应当优质还要具有区域优势和区域品牌，并且在能够保证产品质量的前提下进行安全的运输。另一方面，购买的农产品还应当能够溯源和追踪。特色的农产品一旦得到市场和顾客的认可，就会获得巨大的需求量，但是农村的现状往往无法保证农产品的质量和数量。农民种植农产品更多的是以家庭为单位的单兵种植，产量小，质量不均匀，种植的随意性强，缺乏计划性，产品的质量无法保证，缺乏相应的标准。单兵形式的电子商务平台销售无论在运营、质量、价格，还是在数量上都没有竞争力，要么无销量，要么有销量了却无法提供产量，产品供应不上。这里存在一个严重的问题，就是有产业却没有企业进行产业的整合，没有形成抱团作战。

冷链物流、供应链整合和物流配送是发展农村电子商务最重要的环节，冷链物流、供应链整合和物流配送系统是否完善，成本是否具有优势，都关系着电子商务的发展，目前很多的乡村物流成本高，没有供应链整合，没有仓储，第三方物流公司覆盖农村的面很小，物流配送成本过高，这些直接影响了电子商务的发展，这也是县域农村电商物流和冷链的现状。

当前，我国农产品电商供应链体系尚不完善，制约了农产品上行。一是农产品标准化程度低。不少地方特色农产品出自家庭作坊式生产，农民品控能力弱，没有推出明确的农产品标准，所以很难保障农产品的实际品质；二是供货能力弱；三是配送效率依然比较低下；四是需要进一步完善追溯制度。农产品质量安全问题日益受到广大消费者的关注。为使流通环节变得透明，在追溯系统方面，政府和相关行业应在部分产品和流通环节进行探索。由于农产品的流通链条较长，消费者对其产品的销售渠道缺乏认识，因此商品在网络交易中出现了“劣币驱逐良币”的情况。

四、农村电商的人才紧缺

在电子商务发展的现阶段，最核心的竞争力是人才，在农产品电子商务运营和推广的过程中，最需要的是，不仅具有电商专业知识和技能，还要了解农村、农民、农产品和顾客的人才。这类人才也是农村发展电子商务最紧缺的，城市工作生活的环境、便捷性阻碍了有能力的优秀电商人才来到农村创业和发展，制约了农村电子商务的发展。

农村电商人才培养滞后是制约农村电商发展的重要因素。农村电商在运营推广、美工设计和数据分析等各个岗位、高中低各个层次，都有不同程度的人才缺口，尤其缺少高端复合型人才。乡村基础设施与公共服务不到位，农村电商人才“难培、难引、难留”现象尤为突出。

五、农产品缺乏竞争力

随着农业生产效率的快速提升，我国农产品种类更加丰富，农产品总量已经供大于求。总体上，农产品的初始产品价值较低，大部分市场价值虽然产生在生产领域之外，但是在从生产者到消费者的流通过程中，大多数农产品未经加工或仅经过简单的粗加工就进入消费市场，增值空间较小。另外，一些农产品包装简单、雷同，同质化问题突出，难以令消费者产生品牌信赖和购买欲望。导致农产品同质化的原因有许多，归纳起来主要有以下几点：深加工投入不足、科技投入不到位、农产品龙头企业紧缺。

六、农产品品牌创新不够

在市场经济条件下，农产品品牌作为农产品与经营者参与市场竞争的必要手段，发挥着不可估量的重要作用。相比工业产品的品牌投入，农产品的品牌投入非常有限，使得农产品的溢价空间较小。目前，我国大部分地区的农产品生产与销售未能有效地与本地文化相融合，忽视了农产品品牌内涵的挖掘和研究，未能形成令消费者满意的品牌价值。

当前，我国农产品总量和品类均出现“爆发式增长”，消费者面临的可选择信息越来越多。在农产品中，无公害农产品、绿色食品、有机农产品和农产品地理标志，是我国政府主导的安全优质农产品品牌，整体上品牌众多，杂而不乱。

我国累计拥有近 3 000 个“农产品地理标志”品牌，由于品牌战略规划缺乏、管理体制不顺畅、品牌推广简单等问题，使农产品品牌竞争力较弱、附加值较低。另外，农产品品牌存在产业链条短、大而不强的问题。部分区域虽有特色农产品品牌意识，但没有申请品牌专利，与市场上其他类似产品混淆，影响该区域品牌口碑，使消费者无法形成信任和依赖，阻碍品牌优势的形成。

随着农产品市场的开放力度增强，德国的牛奶、美国的开心果、法国的葡萄酒、新西兰的水果、日本的大米等国外农产品越来越多地进入我国市场，我国农产品面临国外成熟品牌的强势竞争。同类农产品的消费者心理价位，国内往往比国外低很多，主要原因在于我国尚未建立完善的农产品分类品牌体系，同时未围绕品牌确立包括口感、色泽、形状、大小及包装等方面的标准，农产品的产前、产中、产后全过程质量控制技术标准空缺，以致于在市场上没有形成差异化优势，缺乏市场竞争力。

七、农产品销售效率不高

农产品销售主要是指农产品从生产者手中进入消费者手中的流通和交易过程。在这个过程中，生产者是开端，消费者是终点，二者之间需要一座“桥梁”来连接，从而使生产者把农产品的所有权移交至消费者手中。我国即使已经形成多种销售渠道共存的销售格局，目前整个农产品销售渠道体系还存在较多问题，使优质农产品无法发挥其应有的价值，严重影响农业经济水平的提高。

现阶段，很多商户的农产品销售方式落后，效率低下。数智时代的到来给农产品品牌建设和宣传推广创造了极大的便利，买卖双方无须面对面交流，可以在互联网平台上进行沟通，使农产品销售渠道不断拓宽。由于受传统观念、农村基础网络设施不健全、农民计算机操作水平较低等因素的影响，现代农产品销售方式在实际操作中仍较少实施。目前，我国近 90 % 的农产品依靠传统渠道销售，电商渠道销售占比较低，因此必须加大运用互联网和新媒体进行农产品宣传的力度，将本地农产品的突出特色介绍给消费者，使消费者知道农产品的原产地、生产工艺和营养成分等信息，增强农产品对消费者的吸引力，通过与消费者的交流获悉他们的偏好，有针对性地推广产品和服务。

第三节　农村电子商务的发展建议

一、打造特色产业带

（一）打造产业集群与产业带

我国大部分农村地区以第一产业为主，制造业和服务业发展不充分，农产品供过于求现象突出，农民收入低。如何充分利用乡村丰富的要素资源，盘活第二、三产业活力，挖掘乡村经济价值，提高农民收入，一直是我国乡村长期探索的问题。百强县的发展给予了我们很多启发，我国百强县以占全部县域不到 3 % 的土地、11 % 的人口，创造了全国县域约 1/4 的 GDP。根据 2020 年百强县分布数据，东部地区占 68 席，中部地区占 21 席，西部地区占 8 席，东北地区占 3 席①，发展的原生动力主要来自特色产业集群与产业带的崛起。

产业集群是产业在发展过程中，在特定领域内的企业或机构因共性和互补性等特征紧密联系，形成在地理上集中的相互联系、相互支撑的一种产业群现象。

产业集群的形成必将带动区域经济发展。以县域为地理单元的经济集群及由其形成的更大范围的产业带将会让乡村逐步融入大区域中，成为产业共生体中的重要力量，这也是进一步提高农民收入的有效途径。

目前，乡村除依赖传统的第一产业外，也逐步萌生出以第二、三产业为主导的产业生态，参与全国经济大循环，甚至迈入全球的产业链体系中，让乡村和城市同频共振，实现乡村的跨越式发展。从产业类型看，特色产业带主要包括基于

① 王婉莹 .2020 全国百强县出炉：约 2% 的土地创造全国 1/10 的 GDP[EB/OL]．(2020-07-28) [2022-10-13].http://bgimg.ce.cn/cysc/newmain/yc/jsxw/202007/28/t20200728_35413449.shtml.

产地优势农产品及深加工的产业带、基于特色产品制造的特色经济产业带，以及随着数字经济新业态发展起来的商贸服务产业带，这些产业带都在不同时期带动着乡村的产业振兴。

（二）打造优势农产品及深加工产业带

产地优势农产品产业带作为一种社会经济现象，是在区位条件、自然资源禀赋及技术进步等因素的共同作用下，所形成的具有一定规模的呈块状或带状分布的产业集聚区域。产地优势农产品产业带的形成有利于农业技术体系的建立和产业链的发展，技术体系、产业链的完善又反过来影响产业带优势的实现和提升。

深加工产业带是对粮棉油薯、肉禽蛋奶、果蔬茶菌、水产品、林产品和特色农产品等进行工业生产活动形成的产业集聚区域，其发展与产地优势农产品产业带具有极强的相关性。农产品深加工就是产地优势农产品产业链条延伸的新业态，是建设现代农业的重要内容及促进农民增收和就业的重要渠道。在具有资源优势和产业特色的基础上延伸产业链条和培育新业态，可以全面推动特色农产品深加工产业集群建设，延长农产品产业链条，提高农产品附加值，推动产业向集群化、规模化和平台化方向发展。

依据资源因素、区域因素、技术因素、环境因素等因素分析，按照区位，《全国农业和农村经济发展第十二个五年规划》将我国产地优势农产品及深加工产业带主要划分为以下七个。

（1）东北平原主产区及其产业带

从气候学角度来讲，东北地处温带，拥有肥沃的土壤和大面积的耕地，水土资源、生态环境良好，特别适合大规模机械化作业。东北形成了四大产业带：以籽粒与青贮兼用型玉米为主的专用玉米产业带；以优质粳稻为主的水稻产业带；以高油大豆为主的大豆产业带；以肉牛、奶牛、生猪为主的畜产品产业带。

（2）黄淮海平原主产区及其产业带

此产业带属于暖温带，同样具有平原“地势平坦”的显著特点，与此同时，该地区具有较好的温度、雨水、光照等自然条件。这种自然环境逐渐促生了多个产业带，如以优质强筋、中强筋和中筋小麦为主的优质专用小麦产业带、棉花产业带、玉米产业带及大豆产业带等。该地区是我国传统农业区，也是精细农业和科学种田水平较高的地区。

（3）长江流域主产区及其产业带

长江流域属于亚热带季风气候，此种气候类型主要具有以下几个特点：温暖湿润、水资源丰富、年积温较高等，此外长江流域还拥有众多的河流湖泊，所以此地区十分适合农作物的生长。该地区同样拥有众多产业带，如以双季稻为主的优质水稻产业带，还有“双低”优质油菜产业带，以及以生猪、家禽为主的畜产品产业带，除此之外还有以淡水鱼类、河蟹为主的水产品产业带，是我国重要的农产品生产基地。

（4）汾渭平原主产区及其产业带

该地区的气候类型属于温带半湿润气候，光热充足，此外汾渭平原的土壤也十分肥沃，从而形成以优质强筋、中筋小麦为主的优质专用小麦产业带，同时该地区还盛产玉米，并形成以籽粒与青贮兼用型玉米为主的专用玉米产业带。

（5）河套灌区主产区及其产业带

河套地区虽然光照充足，昼夜温差大，气候干燥，雨量稀少，但地形平坦，主要引流黄河水进行灌溉，依赖独特的农业生产气候条件形成以优质强筋、中筋小麦为主的优质专用小麦产业带。

（6）华南主产区及其产业带

该地区位于热带—南亚热带区域，终年高温多雨，地形以丘陵为主。盛产的农作物主要有水稻和甘蔗，从而形成以优质高档籼稻为主的优质水稻产业带和甘蔗产业带。此外，该地区水产资源丰富，盛产罗非鱼、对虾、鳗鲡等，并以此形成水产品产业带。

（7）甘肃新疆主产区及其产业带

该地区位于我国西北干旱地区，年降水量少，产业以绿洲灌溉农业和畜牧业为主。在自然条件方面，该地区拥有较长的光照时间，热量十分充足，由此形成优质棉花产业带和以优质强筋、中筋小麦为主的优质专用小麦产业带。

如上的农产品产业带以农产品生产的第一产业为主，围绕种植业、畜牧业、渔业、农产品加工业、农垦经济五大方向，优化产业布局，发展产地优势农产品及深加工产品。依赖产地优势形成的农产品及深加工产业带应当充分发挥本地资源优势，通过大力推进规模化、标准化、品牌化和市场化建设，逐步形成市场潜力大、区域特色明显、附加值高的主导产品和产业，并产生较大的经济效益。

（三）打造以制造为主的特色经济产业带

产业集群实际上是把产业发展与区域经济通过分工的专业化与交易的便利性有效地结合起来，形成一种有效的生产组织方式，从而推动区域经济增长。20 世纪 80 年代以来，中国乡镇企业异军突起，逐渐形成集聚态势，主要集中在东部沿海地区，形成五大典型模式：苏南模式、温州模式、珠江模式、晋江模式和义乌模式。苏南模式采取以乡镇政府为主要组织资源方式形成集体经济，产品主要为大工业配套服务；温州模式以家庭工业和专业化市场的方式发展非农产业，逐步建立起以日用小商品为主的产业和门类齐全的社会服务业；珠江模式是由地方政府主导的外向型快速工业化的经济发展模式，以第二产业为主，注重发展新兴产业和第一二三产业间的协调发展；晋江模式以市场调节、外向型经济、股份合作制为主，同时兼顾多种经济成分共同发展；义乌模式以兴办专业市场来带动县域经济发展，充分体现了市场模式的优势。21 世纪初，中国加入世贸组织，这些县域经济由此逐步迈入全球生产体系，成为“世界工厂”的中坚力量，也构成我国制造业的底色。目前，这些区域的制造集群成为乡村产业的重要支撑，促进了产业的多元化发展，并延伸了产业链条，创造了就业机会，直接拉动了经济增长，实现了共同富裕。

随着数字经济的快速发展，很多拥有基础产业优势的县域及乡村率先拥抱电商、直播等新经济，除利用新兴渠道增加传统特色产品的销售渠道外，也逐步推动传统产业的数智化转型。与此同时，围绕数字经济发展的物流、设计、运营、拍摄、产业金融等配套产业快速发展，由此催生了部分数字原生产业在县域开花、结果和落地，加快了县域数字经济与实体经济的融合进程，推动了县域农村电子商务的发展。直播带货、社区团购及农旅直播等新经济发展模式在县域快速发展，手机成为“新农具”，直播成为“新农活”，数据则摇身一变成为“新农资”。

直播电商在发展过程中离不开当地的产业基础，它从根本上决定了直播电商的产品类型，如我国东南部沿海地区的工业、制造业比较发达，所以该地区直播电商的产品主要有服装、鞋等。我国中西部地区受独特的气候环境影响，直播电商产品以当地特色的农副产品为主，如枸杞、苹果等。目前，我国境内存在许多农产品直播或农产品加工的直播账号，这在一定程度上带动了我国农产品的销售及当地经济的增长，帮助农民走上增收致富之路。

当前，基于线上直播模式的产品销售很多已经形成专业化的集聚模式。例如，“住户白天开货车，晚上开豪车。”这虽然是当地人的一句玩笑话，但也从侧面反映了义乌北下朱村的现状。短短几年，这个普通的村子经历了一场前所未有的蜕变，成为当地远近闻名的“网红直播电商村”。北下朱村中从事直播电商行业的人数众多，剩下的大多从事超市、鲜花店等配套行业。目前，北下朱村的直播电商正处在从野蛮生长到规范化、规模化发展的探索之路上，形成依托直播电商、运营、孵化、物流等方式的新产业链条，使其成为货真价实的“网红直播第一村”，带动了当地区域经济的发展。

二、积极发展农村新媒体

近年来，随着技术的不断升级，新媒体在我国呈现出非常迅猛的发展态势，越来越多的人喜欢在手机、电脑等电子设备上浏览新闻。微博、微信等平台也以其传播速度快、信息容量大、地域覆盖广等特点，让人与人之间的沟通和交流变得更顺畅。

新媒体在我国被人们普遍地接受，已经在城市和农村中普及。在这种情况下，农村新媒体作为一个新的传播渠道，可以让农村的产品和文化流向更多地区。

（一）做好新媒体定位

农村新媒体是展示农村风貌的一种新方式，现在越来越多的农民开始通过互联网平台为人们还原农村的真实模样。农村新媒体让城乡之间的联系变得更密切，很多新鲜事物出现在人们的生活中，也推动了城乡一体化进程。农村新媒体要发挥作用，一定要做好观众定位和垂直定位，牢牢抓住“农”这个关键。

1. 观众定位

新媒体平台为无数农村带来了商机，因此领域内的竞争也越来越激烈。农村新媒体若想在日趋激烈的竞争中分得一席之地，数量大与忠诚度高的观众是关键。

新媒体平台面向的主体是观众，农村新媒体要深挖观众需求并尽力在输出内容时满足观众的需求。

（1）分析自身背景

自身背景主要包括定位农村地区的产业状况、地域、资源优势、发展目标等。

通过分析这些内容，农村新媒体可以清楚地了解到自身优势，判断自身能吸引到的观众类型。

（2）分析观众

农村新媒体可以从目标观众、已有观众类型两个方面入手分析观众。

首先，目标观众。农村新媒体所发布的内容决定了观众的类型，所有对农村新媒体发布内容感兴趣的观众都是目标观众。

其次，已有观众类型。农村新媒体要分析已有观众群体的类型，准确分析观众类型对农村新媒体维护观众和扩展观众规模都能起到重要作用。例如，同样是发布旅游内容的农村新媒体，观众类型的不同决定了发展路径的不同。如果农村新媒体的观众多为18～22岁的女生，这些女生向往该农村地区的花田，则该农村新媒体平台中发布的内容应以花田美景、鲜花美容为主；如果农村新媒体的观众多为中老年群体，消费能力相对较高，则该农村新媒体发布的内容应多为度假村体验、高档旅游产品推荐等。

农村新媒体通过对自身背景和观众群体的分析，能够得出观众定位的方向。获得精准定位后，便可以通过此定位有针对性地吸引观众、维护已有观众群体，这些观众群体能够节约农村新媒体的维护成本，购买力也会强于零散的观众群体，为农村带来更多收益。

2. 垂直定位

新媒体渠道能够高效、快速地带动农村经济发展。我国农村数量众多，无数人争先恐后地利用这一渠道，甚至出现市场饱和的情况。打开任一平台搜索农村相关内容，都会发现其中掺杂着大量质量平平、毫无特色的作品，能赢得流量与收益的始终是那些有着精品内容的知名账号。这些知名账号发布的内容存在一个共性，就是拥有清晰的定位。因此，在以新媒体带动农村发展之前，首先要做好定位。因为一旦有了准确的定位，就如同在茫茫大海上航行的帆船有了灯塔的指引，同时清晰的目标也是新媒体带动农村发展的动力。

（二）把握新媒体内容

在走农村新媒体之路时，除定位以外，内容输出也非常重要。相关部门可以充分利用新媒体组织乡风展示活动，为人们还原真实的农村生活，也可以开展专门针对农民的教育活动，对农民进行科学知识普及。这些活动对提升农村文明有很大帮助。相关部门要充分利用新媒体，也不能忽视传统媒体，新旧媒体都应加大投入力度，打造媒体矩阵。

1. 展示乡风

农村的内容输出是农村新媒体的价值所在，规划所输出内容是以新媒体带动农村发展的前提。农村在新媒体平台输出的内容一定是要有价值的，并且要让观众感受到农村的魅力。农村的内容输出对发展十分重要，是决定农村发展速度的重要因素。所以，在规划新媒体平台输出的内容之前，首先要明确输出的核心内容是什么，具体可以从以下几个方面入手。

（1）通过产品定位内容

农村新媒体需要根据自己推销的产品类型确定在新媒体平台上输出的核心内容。例如，对于宣传旅游业的农村而言，新媒体平台输出的核心内容必须围绕乡风、景区展开。农村新媒体的输出内容可以是景区人民的生活、景区美食、景区旅游产品测评和旅游体验分享等，通过直播方式展示农村发展的情况，将具体的农业生产过程呈现给观众，让观众感受农业生产活动的趣味与特色，满足其对农村生活的好奇心。

农村新媒体输出内容的核心必须是恰当的。观众是农村新媒体所销售产品的受众，农村新媒体的输出内容要能够很好地切合观众的需求，吸引更多的观众关注农村。

（2）确保内容积极正面

农村新媒体输出的内容必须是积极正面的，这样的内容更受观众的欢迎且能持续吸引观众。例如，某村主要推销纯天然食品，输出的内容却以转基因食品的危害、农药的危害为主，这些消极的内容无法长期吸引观众，以及调动观众的积极性。

（3）避免输出无关内容

若想以农村新媒体带动发展，新媒体平台就要保证持续输出内容，不断地吸引观众关注农村。虽然保证持续内容输出并不容易，但也不能为了保持持续输出就在新媒体平台上发布与定位产品无关的内容。

观众关注农村新媒体是因为对平台上销售的产品有需求，对与产品有关的知识感兴趣。对于观众而言，与产品、农村相关的内容才是有价值的，如果农村新媒体输出的内容与产品无关，就会使观众对该平台的价值产生怀疑。

通过直播、短视频等新媒体渠道，观众能够知晓农业生产过程的艰辛，从而产生购买农产品的欲望。同时，网络平台使农产品的销售渠道得以拓宽，农村直播也能让观众感受到各村落的魅力，旅游产业因而得到发展。此外，由于内容是连续输出且真实有效的，观众对农产品和农村的信任度也会提升，消费时的安全感能够得到保障，消费热情也会上涨。

这就是新媒体平台带给农村的好处。因此，农村新媒体要以产品为中心，规划好在新媒体平台上输出的内容，并把握好内容输出的方向，保证输出的内容有价值，能够展现农村风貌，还原农村生活。只有这样，农村新媒体才能够通过平台推动乡村振兴的进程。

2. 传播知识

现在是一个信息传播越来越“碎片化”的时代，书刊、广播、电视等传统媒体的信息传播效果不像短视频、直播等新媒体那么突出。新媒体可以给人们带来极强的视觉感和沉浸感，还可以让农业科学知识简单、易懂。例如，农民可以通过短视频平台掌握最新的农业科学知识，这样的“充电”方式不仅非常方便，还会让学习变得更生动、有趣。

随着网络覆盖农村和手机用户的不断增加，城乡之间的联系更密切，新时代的农村建设从愿景走向现实。在新媒体进一步发展的情况下，农业科学知识的传播有了更多渠道，使得农民在短时间内获取专业的农业科学知识、提升自己的能力成为可能。

在通过新媒体传播农业科学知识方面，山东省蒙阴县做得非常好。该地区以推动农产品高质量发展为宗旨，积极优化和整合各种农业资源，使农业科学知识在农村得到广泛传播。例如，该地区组织科技工作者、农业知识科普志愿者开展“智惠桃花源科技下乡”活动，将果树修枝、预防病虫害、土质养护、精准采摘等方面的农业科学知识传授给广大农民。

农村要发展新媒体，就要充分发挥新媒体的作用，使其成为政府和农民的有力助手。农村借助新媒体进行农业科学知识传播，可以提高农民的科学文化素养，让农民以更好的姿态进行农业生产，从而实现科学普及与乡村振兴共同发展。

三、优化电子商务发展环境

（一）健全政策法规体系

一是积极宣贯《中华人民共和国电子商务法》（以下简称《电子商务法》）。各地加大普法宣传力度，引导地方电商企业合法经营、规范发展。江苏省以贯彻落实《电子商务法》等法律法规为统领，积极配合省市场监管局开展“网剑行动”，突出强化督促电子商务平台经营者落实法定责任；指导、推动成立“江苏省电子商务法律服务联盟”，鼓励行业组织发挥行业管理职能，加强法制宣传，实施行业治理。山东省重点聚焦落实《电子商务法》《中华人民共和国合同法》等法律法规，持续加强格式条款规范监管工作，营造公平公正、诚实守信、放心消费的网络营商环境。青海省组织开展“凝聚你我力量——电商依法经营知识万人在线答题”活动，以《中华人民共和国消费者权益保护法》《电子商务法》等与广大消费者密切相关的法律法规为重点，编排设计了内容翔实的题库，通过随机投放在线有奖答题的形式，激发了广大消费者的参与热情，树立品质消费理念，构建良好有序的网络消费环境。贵州省按照《电子商务法》等法律法规要求，督促指导电子商务平台经营者认真落实对入驻商家资质信息和销售商品商标、专利、版权等注册或授权信息的审查核验义务，建立平台内经营者登记备案及资质资格审核机制，定期对平台内经营者主体信息及销售商品进行抽查，加强对电子商务经营者和自营性平台经营者依法公示证照相关信息的监测监管力度，依法严厉打击未经信息公示开展经营活动、侵犯知识产权等违法违规行为。

二是完善本地政策体系。各地加强政策支持引导，完善电子商务行业体系。北京市出台的《“互联网＋流通”创新示范项目申报指南》重点对智慧流通、“互联网＋生活性服务业”、绿色流通等示范项目给予了支持，引导商贸流通企业创新服务模式，不断扩大便民服务有效供给，拉动全市网络消费快速增长。四川省统筹谋划数字商务工作，印发《关于开展打造“数字化社区”专项行动的通知》，开启生活服务业在线一站式示范；出台《品质川货直播电商网络流量新高地行动计划（2020—2022年）》，前瞻性布局电商产业，成为全国首个省级直播行业发展计划。

（二）强化电商市场监管

一是加强电商诚信体系建设。甘肃省依托“信用甘肃”等平台，推动电商领域信用信息共享，同时组织电商企业在电子商务公共服务平台建立、完善和公开诚信档案，有效防范信用风险。江苏省积极推动电商信用工作开展，建设江苏电子商务信用公共服务平台，指导有关单位积极开展电商领域地方标准的制定和推广，先后有四项省级标准获得立项，有效填补了本省电商地方标准空白。江西省下发《2020 年“诚信兴商宣传月”活动方案》的通知，以“诚实经营、守信服务”为主题开展“诚信经营宣传月”活动，共制作发放诚信宣传单、宣传画册 20 余万张，各级主流媒体播发相关报道 3 000 余篇，有效扩大了活动的宣传影响，营造了良好的社会舆论氛围。

二是加强产品溯源体系建设。福建省建立商品全球质量溯源体系，为进出口商品贴上“身份证”，消费者可以通过系统或商品外包装上的溯源码查询，快速厘清商品的“来龙去脉”。企业在入境之前将商品的生产商、原产国、第三方检测机构出具的商品溯源质量检验证书等信息录入“福州海关全球质量溯源体系”，海关在商品抵达口岸前启动准入风险预判，压缩企业通关时间，商品抵达口岸后，再通过该系统实施精准监管，可以实现快速验放。

三是健全电商监管支撑体系。河北省试运行网络交易平台监管服务系统，编制河北省网络交易平台监管服务系统分类说明、基础信息维护操作手册和数据核查操作手册，开展业务骨干培训，入库全省网络交易平台，基本涵盖全省的网络主体；加强对平台的行政指导，发挥行业组织自律作用，督促平台落实主体责任，推动成立石家庄市电子商务平台共治联盟，印发《关于加强“6·18”网络集中促销期间行政指导工作的通知》；加强政企合作，与阿里、京东等第三方平台达成合作意向，努力实现网络监管社会共治。

（三）提升物流服务能力

一是加快农村电商物流发展。四川省以电商进农村综合示范县、电商产业示范县、脱贫奔康示范县建设为契机，加强电子商务物流基础设施建设，形成县乡村三级的末端电商和快递物流服务网络；30 余家快递物流领军企业在川设立区域总部。甘肃省依托国家电子商务进农村综合示范项目，发挥补贴资金示范引领作用，通过快递物流资源市场化整合，加强县乡村三级电商配送体系，发展适合农产品特点的供应链体系和冷链物流体系，同时下拨专项资金，支持“两州一县”及 18 个省定深度贫困县着力解决农村物流“最后一公里”瓶颈，有效降低农村物流成本，县到村平均快递配送效率提升 1 倍以上，成本降低 40 %以上。

二是聚焦城区末端配送。北京市按照《北京市关于开展末端配送创新试点进一步加强快递末端用车、外卖用车管理工作方案》相关要求，指导本市相关企业积极开展末端共同配送创新试点建设，在朝阳、海淀、丰台、石景山和通州 5 个区开展末端共同配送创新试点，通过开发使用通用收发系统、设立综合服务中心、智能自提柜等末端共同配送服务设施，由试点企业实施统一收派等方式探索末端配送新模式，提升末端配送效率。上海市加快智能快件箱等智能末端配送设施布局建设，压实企业责任主体，协调邮政、卫健、教育、民政、规资等部门及区商务部门，推进智能快件箱在医院、学校、社区等场景的布设，共完成建设 6 000 余组；加大政策支持力度，将智能快件箱纳入公共服务设施相关规划，配合市房管局制定智能快件箱建设实施意见和建设导则；引导生鲜电商企业合理设置前置仓空间布局和建设规模，推进冷链物流体系建设，2020 年已建设 144 个生鲜前置仓和 1 个城市分选中心。

四、积极促进人才培养

（一）农村电子商务人才培养素质要求

在培养农村电子商务人才的过程中，相关人员应当朝着两个目标努力：电子商务人才的基本素养和新农村建设人才。培养出的农村工作者不仅要最终符合电子商务人才的共性要求，又要利用所学技术服务于现代农村的基础建设，为新农村发展事业做出贡献。为了实现这两个目标，有关人员应该事先做好准备工作，结合电子商务人才的实际要求，充分考虑农村当地的条件与农村流通现代化指标，将这几项因素有机结合，在新农村电子商务人才的培养工作中“对症下药”，设计科学高效的新农村电子商务人才发展方案。

1. 电子商务人才基本素质

电子商务的基本概念由两个基本组成部分，即“电子”与“商务”，所以社会广泛需要的电子商务人才也需要掌握这两种知识。通常来讲，电子知识的具体内容等同于与计算机有关的技术，至于商务知识，它大致等同于经济管理经营方面的理论、规律和技巧。

应该说，电子商务专业是一个综合性比较强的专业，它对学习者提出了多方面的能力要求，相关人员在掌握多种知识的同时，要能够使所学内容合理交叉融汇，在实践中共同发挥作用，这样一来电子商务类人才培养的难度就大大上升了。

电子商务虽然目前已经经历了十余年的建设和发展，然而围绕其建立的经营理论体系依然不够完善。电子商务活动的开展基础是社会条件的变迁与进步，会在时间的推移中持续地变化形态。另外，电子商务和传统的电子行业相比，线下实践的占比较高，对人才的培养要求也更多样，电子商务人才必须兼具计算机网络技术和商务知识与经验，符合多方面发展的要求。所以，高校开设的电子商务专业课程教学，无论是和传统的商务专业还是计算机专业相比，难度都更加突出。该类型专业的人才培养方向主要是将个人技能与综合素质有机结合，成为知识全面、能力灵活的人才。

要成为合格的新农村电子商务人才，需要拥有四项基本素质：思想道德素质、业务素质、身体素质、心理素质，其中业务素质又可以分为理论知识素质和专业技能素质。

在思想道德方面，新农村电子商务人才首先应当充分理解并掌握马克思列宁主义、毛泽东思想、邓小平理论，“三个代表”重要思想、科学发展观、习近平新时代中国特色社会主义思想的基础知识。其次，应该怀有积极进取的事业心和用事实说话的科学态度，对本职工作充满持之以恒的耐心和热情，敢于开展创新实践，富于开拓精神和求知精神，在职业生涯中培养充分的职业意识和良好的职业道德。

在业务能力方面，要想符合电子商务高级应用型人才的条件要求，必须具备两项基本能力：信息技术应用常识与经贸理论知识。电子商务人才必须有过硬的计算机技巧，要能够熟练地使用计算机网络完成各种线上商务经营流程，并帮助商家打造专门的经营网店，负责管理网站经营，维护网站的正常运行。

具体来说，电子商务人才的业务能力包括理论知识和专业技能。电子商务专业要求本专业的学生掌握足够的基础文化知识，包括经济领域的基本规律和经营理论，以及市场调研的各类技巧，能够进行基本的企业财务经营管理，具备市场营销活动的经营头脑，充分了解所有与商务活动有关的现行法律法规制度，如果是外贸方面的人才，还应该具有足够的英语专业技能，对国际贸易规则和行情有充分的了解。计算机技术方面，学生要掌握基本的计算机软件使用技巧，了解现有的各家商务网站的运作和使用方法，面对电子商务基本流程，做到心中有数。此外，还需要懂得其他相关知识和技巧，如电子支付手段和流程、物流管理策略及网络安全维护常识，积累网络营销活动的开展经验，学会设计和规划商务网站，为商家提供多方位的服务。

专业技能对电子商务人才提出了更加详细的高要求。要具备熟练的计算机操作能力，要了解市场营销业务的具体流程，为商家合理策划营销活动；具备一定的推销能力和商务谈判技巧；了解各类网络和 Internet 工具的运作原理的操作技巧；有效防范计算机病毒入侵，掌握网站信息加密技术，为商务网站的安全经营、信息防护和隐私把守提供保障。面对企业公共关系问题时，要体现专业的业务处理能力；要能够全面且详细地收集网络信息，有效地整合分析，从数据出发，为商家的未来规划建言献策；要熟悉物流管理和配送的各个程序，合理安排人员规划和商品配送；凭借熟练的计算机技术，为企业设计专门的商务网站，给用户以良好的浏览和使用体验，定期维护并更新网站信息，另外还要紧随网络技术的发展趋势，及时升级企业商务网站界面，实现全天候运营，打造理想的动态网站，维护并更新网站数据库；要基于已掌握的经济常识和市场分析能力，帮助企业开展市场调查报告，根据调查结果撰写经济论文及基本应用文。如果是外贸领域的人才，要熟悉进出口业务的详细流程，妥善处理商品物流和交接；了解不同电子支付手段的优缺点，在商业活动中做出合理选择；了解网络调研的基本原理和方法，面向全体网络用户推广企业网站，进行在线营销和在线企业管理；妥善处理网络客户关系，充分发挥在线关系网络的作用；为中小企业网站妥善规划营销业务，协助开办电子商务业务和企业在线运营；结合所学和实际情况设计符合客户需要的电子商务服务商品，通过网络渠道逐渐扩大销售范围，强化经营管理的力度。

健康的身体也是电子商务人才必不可少的素质。电子商务经营不仅要求工作人员承担长时间的线上工作，还要做好随时赶赴线下、辅助实地工作开展的准备。

所以，电子商务人才应该拥有健康的体魄，培养积极向上的心理素质，在线上和线下的商业活动中展现出高修养的文明行为礼仪。为了应对各种各样的线下商业活动，电子商务人才应定期进行体育锻炼，保持良好的卫生保健习惯，具备一定的运动素质。

电子商务人才应具备完善的人格，树立积极的价值观，培养健康稳定的心理素质，以乐观的态度面对职业生涯和商务人际交往，向同事和客户展现良好的精神面貌，用自身的言行为周边的人带来建设新农村的信心。

2. 农村、农产品知识

一是电子商务人才应该对农村地区的人口结构、自然条件、风土人情、经济条件、基础设施建设等都有比较充足的了解，熟悉广大农村的普遍现状和农村经济发展的一般规律。高校如果要专门培养服务于新农村建设的电子商务人才，应该围绕“新农村的基本定义和开展现状”与“农村经济运行规律”这两个主题进行详细的阐述，让学生熟悉社会主义新农村的基本要求。在合适的时间组织或引导学生下基层，到真实的农村地区接受实训，全方位了解农村居民的生活、工作环境，农村的生产机制、生产条件。

二是电子商务人才需要熟悉与各种常见农产品有关的信息。农产品如何从作为起源的生产环节进入终端消费、城市生产的工业品如何在流通中遍及农村乃至全体农户，是现阶段推进农村流通现代化进程中必须解决的两个问题。要想成为促进流通现代化的合格电子商务人才，应该熟悉农产品的详细特点，掌握农产品的相关知识。

（二）完善人才培养机制

一是开展电子商务专题培训。内蒙古自治区开展网红经济培训工作，支持区内电商示范园区组建专业化运营团队，引导企业开展应用型人才培养工作，学习信息化和电商运营两方面内容，打造复合型人才团队。2020 年，江苏省围绕农村电商、电商新业态新模式及《中华人民共和国电子商务法》等内容开展人才培训工作，助力脱贫攻坚和乡村振兴。

二是开展电子商务职业技能大赛。开展电子商务职业技能大赛不仅可以为电子商务的发展创造良好的环境氛围，同时也能够为我国电子商务的发展培养出更多优秀的人才。

三是加强“政、校、协、企”合作。河南省形成了高等教育、职业教育和实践操作培训相结合的电子商务人才培育体系，利用院校资源，协助包含郑州大学在内的多所高校成立电子商务本科专业，同时也在河南省内专科院校设立了电子商务专业。除此之外，还在借助完善教育培训基地的基础上开展电子商务知识、技能培训，并将电子商务纳入继续教育的范畴。

参考文献

[1] 兰琴凤 . 探讨大数据视域下农村电子商务发展问题 [J]. 商场现代化，2022（19）：34–36.

[2] 张骏 . 农村电子商务发展现状的管理视角及对策分析 [J]. 农村经济与科技，2022，33（18）：221–223.

[3] 黄中群 . 农村电子商务发展现状与对策探究 [J]. 广东蚕业，2022，56（9）：109–111.

[4] 掌海啸 . 农村电子商务发展的机遇和挑战 [N]. 中国社会科学报，2022–09–14（11）.

[5] 秦志春 . 电子商务下的农产品营销策略研究 [J]. 商展经济，2022（17）：54–56.

[6] 李建霞 . 农村电子商务人才队伍建设探究 [J]. 农业开发与装备，2022（8）：63–64.

[7] 李婧 . 高职院校农村电商人才培养研究 [J]. 对外经贸，2022（8）：116–118.

[8] 田丹梅，张新 . 我国农村电子商务与物流耦合关系研究 [J]. 遵义师范学院学报，2022，24（4）：60–63；68.

[9] 吴霁宴，吴迪 . 大数据背景下农村电子商务发展策略研究 [J]. 现代农机，2022（4）：59–61.

[10] 彭湘鄂 . 电子商务发展与农村中小企业创新研究 [J]. 投资与创业，2022，33（15）：158–160.

[11] 陈荣贵 . 农村电子商务高质量发展的问题与对策 [J]. 广东蚕业，2022，56（8）：154–156.

[12] 张华杰 . 乡村振兴背景下农村电子商务创新发展路径研究 [J]. 商场现代化，2022（15）：32–35.

[13] 李皎洁．农村电子商务创业企业核心竞争优势研究 [J]. 经济师，2022（8）：278–279.

[14] 张海鹏．电子商务环境下农村物流服务体系构建研究 [J]. 中国果树，2022（8）：115.

[15] 易阳，姜文浩，赵亚玲，等．农村电子商务支持乡村振兴的理论与实践现状研究 [J]. 现代商业，2022（18）：56–59.

[16] 王奇，李涵，赵国昌，等．农村电子商务服务点、贸易成本与家庭网络消费 [J]. 财贸经济，2022，43（6）：128–143.

[17] 董航．中国农村电子商务在农产品营销领域的应用研究 [D]. 长春：吉林大学，2022.

[18] 郭炬，贾林平．农村电商扶贫现状分析及策略研究 [J]. 中国储运，2022（5）：101–102.

[19] 孙文龙．连云港市农村电子商务发展中的政府作用研究 [D]. 徐州：中国矿业大学，2021.

[20] 吴诗翮．农村电子商务公共服务短板的系统分析 [D]. 广东：广东技术师范大学，2021.

[21] 范丽雪．电子商务背景下农村物流体系建设研究 [D]. 济南：山东交通学院，2021.

[22] 陈平，陈周燕，倪铉珣．电子商务（理论·案例·实务）[M]. 北京：中国传媒大学出版社，2018.

[23] 范春风，林晓伟，余来文，等．电子商务：分享、跨界与电商的融合 [M]. 厦门：厦门大学出版社，2017.

[24] 李琪．电子商务导论 [M]. 北京：中国铁道出版社，2020.

[25] 范永泰．电子商务物流 [M]. 北京：北京理工大学出版社，2020.

[26] 王慧，夏霍，徐广辉．电子商务法律法规 [M]. 上海：上海交通大学出版社，2020.

[27] 涂同明，涂俊一，杜凤珍．农村电子商务 [M]. 武汉：湖北科学技术出版社，2011.

[28] 李永飞．中国农村电子商务精准扶贫模式和路径研究 [M]. 武汉：武汉大学出版社，2020.

[29] 孙伟．乡村振兴 农村电子商务 模式・运营・案例 [M]. 北京：中国市场出版社，2019.

[30] 刘亚军．“淘宝村”背景下自发式农村电子商务的商业模式创新性复制研究 [M]. 北京：中国社会出版社，2020.